New Wun Ching Developmental Publishing Co., Ltd.
New Age · New Choice · The Best Selected Educational Publications — NEW WCDP

FOURTH EDITION 第四版

工程倫理

ENGINEERING ETHICS

主編／**陳洸釭**　**執行編輯**／陳宗沛 張祖華 張東文

編著／張東文 蔣和家 許庭瑜 古煥文 謝金源 張祖華 林賢春 吳烘森 張榮正
張家維 賴安國 周世珍 陳洸釭 葉祥洵 邱筱琪 汪慧瑜 黎淑慧 林照東
陳易白 羅廷相 吳俊祿

~ 短歌五章 ~

一、緣起

網路上被踴躍轉寄的一篇文章〈RD 工程師生活甘苦談，辛酸史〉（網址：www.buddhanet.com.tw/aaaux/chi/chi-107.htm-），觸動了我邀約許多好友與學校學有專精的教授們，共同跨刀，編輯《工程倫理》一書。

坊間有許多翻譯的「工程倫理」教科書、企業倫理等的書籍，但自行編寫的「工程倫理」教材卻不多見，行政院公共工程委員會編寫的「工程倫理」手冊則是大家公認的標竿手冊。

因此編輯這本書的教材，含括：(1)倫理與工程倫理學的概述。(2)土木工程與機械工程以及有實際仲裁經驗的長官，接受我們的邀約，寫出許多案例延伸的討論，加上環境倫理、危機管理，是這本書的基幹。(3)避免未來大學生就業多年後，遭遇到類似「RD 工程師的困境」，這一部分，我們談到了網路倫理、安全衛生議題、智財權管理的知識、服務學習、壓力與情緒管理，以至於工程師的愛情管理。從工程倫理論及恆定健康的全人工程師，是編輯這本書的動機。

二、傳承

大學畢業那年，曾經有位好朋友告訴我「畢業是人生另一個階段的開始，每一個人重新起跑」，所以當我擔任推廣中心主任時，我總會告訴每位畢業的同學：「畢業是另一個階段的開始，謹慎安定的走人生的旅程，並且從工作中虛心的學習。」

多年來教學相長，覺得大學生除了專業素養，還需要有好的壓力管理、服務奉獻的精神，以及良好的愛情倫理，才能在人生旅途中走得穩健，走得好。

三、用心

1. 倫理：倫理不只是倫理，也不只是哲學，它可算是一門醫學，甚至是一門藝術。

2. 工程倫理：工程倫理是一門科學，也是一門科技，值得吾人深入研究。

3. 全人教育：教導大學生，要有專業，也要有好的人文素養，更要身心靈的平衡，全方位的教育，就是全人教育。

　　對於每一位參與編輯教師的用心，除了感謝，還是感謝，希望大夥兒的努力，可讓未來採用這本教科書授課的先進前輩們，感受到我們的用心。

四、調適

1. Adaptation：調適，就是終身學習，調整適應大環境，也就是適者生存。

2. Homeostasis：恆定，人類(homeo)恆常(sta)的狀態(sis)。

3. Osteoporosis：骨頭(osteo)有破洞(poro)的狀態(sis)，就叫做骨質疏鬆症。好的倫理習慣，是未來在社會上生存的不二法則。

　　希臘字是醫學發展上很重要的一種語言，尤其 homeostasis(恆定作用)，告訴我們所有未來的工程師，專業素養誠然重要，但是終身學習，補足自己人格上、行為上有欠缺的地方，隨時充實，隨時補強，當一個正常且為人所重用的工程師，就是調適自己。曾經採用電影《美麗境界》當上課教材的老師們，就可以知道，調適有多重要了。

　　這本工程倫理的教科書，希望能在同學們修完這門課時，都可擁有良好的自我調適能力。

五、感恩

　　此次第四版修改於第 4 章〈工程倫理（ESG 實務篇）〉、第 9 章〈資訊與網路倫理〉、第 10 章〈職業安全與衛生倫理〉、第 16 章〈工程師的勞動安全與社會責任〉和第 17 章〈工程師的斜槓人生〉，使本書增添工程師要了解的 ESG，還有斜槓工程師的議題，更要感謝明新科大的優質教學環境及所有編寫的同仁與朋友。

　　工程倫理這門課程，有幾堂課可以讓同學分組討論，找一些議題，討論出學生的願景及師生教學相長的火花。

　　學生專題報告內容應包括下列格式：

1. 案例存在現況描述　　　　　2. 相關倫理問題及牽涉法條

3. 案例影響層面及單位　　　　4. 違反了哪些倫理守則

5. 仔細檢視案例並尋求解決方案　6. 評估方案是否可行

7. 統合評估找出最適合的解決方案　8. 結語與心得

9. 參考文獻

　　最後，希望採用本書當教材的前輩學者們能不吝指教，謝謝！

編著者簡介
Authors

主編 ▸ **陳洸艟　博士**
- 明新科技大學　化妝品應用學士學位學程

執行編輯 ▸ **陳宗沛　監察院調查官**
- 台科大前營管碩士
- 司法官訓練所法制班
- 台大土木系營管博士班

張祖華　主任
- 明新科技大學　工學院－電子系
- 明新科技大學　研發處校友聯絡中心主任

張東文　博士候選人
- 明新科技大學　人文藝術教學中心
- 臺北市立教育大學　博士班進修

編著者 ▸ **張東文　博士候選人**
- 明新科技大學　人文藝術教學中心
- 臺北市立教育大學　博士班進修

蔣和家　碩士
- 國立高雄師範大學　工業科技教育系
- 資訊科技教育碩士
- 羅東聖母醫護管理專科學校　技術副教授

許庭瑜　碩士

· 國防大學　資訊工程系碩士
· 神達電腦公司軟體工程師

古煥文　碩士

· 羅東聖母醫護管理專科學校　技術副教授

謝金源　博士

· 明新科技大學　工學院－機械工程系
· 明新科技大學　前進修部主任

張祖華　主任

· 明新科技大學　工學院－電子系
· 明新科技大學　研發處校友聯絡中心主任

林賢春　主任

· 臺北市立師範學院　軍訓室主任
· 臺北市東山高中　學務主任

吳烘森　博士

· 英國雪菲爾大學　土木學博士
· 明新科技大學　土木工程與環境資源管理系兼任助理教授
· 明教科技大學　校友總會會長

Authors

張榮正　博士

- 明新科技大學　研發長

張家維　碩士

- 明新科技大學　管理研究所碩士
- 明新科技大學　工業工程管理系兼任講師

賴安國　律師

- 巨群國際專利商標法律事務所　負責人

周世珍　博士

- 明新科技大學　社會科學教學中心

陳洸黌　博士

- 明新科技大學　化妝品應用學士學位學程

葉祥洵　碩士

- 臺灣師範大學　公民教育與活動領導研究所
- 明新科技大學　學務處服務學習中心

邱筱琪　博士

- 臺灣師範大學　公民教育與活動領導研究所
- 明新科技大學　管理研究所所長兼管理學院副院長

Authors

汪慧瑜　主任
- 萬能科技大學 學務處－學生輔導中心主任
- 政治大學 博士

黎淑慧　主任
- 明新科技大學 多元族群文化中心主任

林照東
- 達森國際行銷公關有限公司執行長
- 歐倍客電子商務有限公司負責人

陳易白
- 銘傳大學法學士
- 中華民國區塊鏈策進會教育委員會執行長
- 社團法人中華亞太區塊鏈應用推廣協會監事
- 中華青年總裁交流協會保健顧問

羅廷相
- 明新科技大學 土木工程與環境資源管理系碩士
- 明新科技大學 通識教育中心講師

吳俊祿
- 中華大學 科技管理所碩士
- 明新科技大學 通識教育中心講師
- 新竹肉品市場（股）公司總經理

目 錄
Contents

Contents

Contents

Contents

Contents

編著・張東文

01 導 論
CHAPTER

Engineering
Ethics

工程師倫理：

　　倫理道德的原則就是符合人們需要和利益的最大公約數，透過理性思辯，提升人們的利益，滿足大多數人的需要，這就是一個共通的人性，放諸四海皆準的規約，這就是倫理了。

　　倫理與法律及恆定健康的關係，維持了人們的適能狀態。經由倫理的制約，就不會有人格違常的工程師。這就是工程倫理的精髓了。

1.1　前　言

　　工程是工業之母，也是國家現代化發展的基礎。而無論是土木、機械、電機、化學…等各大領域的工程，其共通點都是為了解決人類生活的問題並促進美好人生的追求，可說對於國家建設發展、社會文明演進、生活環境改善、生命財產安全等各方面都會產生重大而深遠的影響。

　　隨著科學知識越來越發達，人類運用各種科學發現，結合自然資源，配合技術的不斷精進，已發展出各種工程專業範圍。美國國家研究協會(The National Research Council)所組委員會將「工程」定義為：「舉凡企業、政府、學術機構或個人的努力中，應用數學或自然科學的知識在研究、發展、設計、生產、系統工程、或技術操作上，生產出以使用為目的之系統、產品、製程或有技術特質與內涵之服務。」可見「工程」的應用極為廣泛，時至今日，由於技術與知識的日新月異，現有的工程已有數百種，只要科學家的新發現進入到有用的工業途徑時，新的工程就會出現。

　　20 世紀最偉大的工程學成就有哪些？美國國家工程學院組織委員會，由阿姆斯壯(Neil A. Armstrong)擔任主席，討論出以下二十項（資料來源：美國國家工程學院(The National Academy of Engineering , NAE)）：

1. 電氣化(Electrification)

2. 汽車(Automobile)

3. 飛機(Airplane)

4. 供水(Water Supply and Distribution)

5. 電子(Electronics)

6. 收音機和電視(Radio and Television)

7. 農業機械化(Agricultural Mechanization)

8. 電腦(Computers)

9. 電話(Telephone)

10. 空調及冷藏(Air Conditioning and Refrigeration)

11. 高速工路(Highways)

12. 太空船(Spacecraft)

13. 網際網路(Internet)

14. 影像(Imaging)

15. 家用電器(Household Appliances)

16. 健康技術(Health Technologies)

17. 石油和石化技術(Petroleum and Petrochemical Technologies)

18. 雷射和光纖(Laser and Fiber Optics)

19. 核子技術(Nuclear Technologies)

20. 高性能材料(High-performance Materials)

由於工程的涵括面向極廣，影響極為重大。一個好的工程可以滿足大眾需求，造福人群；劣質工程則會釀成巨大災禍，為害社會國家。所以任何現代化國家，無不重視工程品質；而工程品質的良窳，則掌握在工程專業及從業人員的手中，亦即工程師素質的提升就等於工程品質的保證。因此，工程師可說是現代化發展的中心人物。

　　為了要提升工程師素質，進而造就偉大、可敬的工程師，在工程教育上除了強化專業知識及技能的廣博專精外，更重要的，要培養具備身為工程師的使命感，秉持專業精神，發揮職業道德，善盡自己的社會責任，而這就有待工程倫理教育的落實了。

1.2 為何要研究工程倫理

　　從 60 年代的十大建設，再看看傲視世界的最高建築臺北 101 大樓、算算臺灣號稱「Republic of Computer」的資訊工業產值，多年來，我國的工程教育，確實在工程學的各領域，為國家栽培了眾多優秀的工程師，為我們累積了大筆的外匯存底，更帶領臺灣邁向已開發國家的行列。

　　然而層出不窮的公共工程弊案、侵犯專利事件…，種種偷工減料、唯利是圖、泯滅良知的事例，往往帶給社會巨大的災難，像是使用劣質零件可能造成使用者受傷、工程驗收不實可能造成民眾死亡、廢水處理流程簡略可能導致環境汙染…，不僅影響民眾的生命財產安全，也會造成社會不安，甚至損及國家形象。然而，除了譴責工程專業及從業人員未能善盡社會責任外，追本溯源，問題其實出在我國的工程教育，向來偏重於理論、知識和技術的傳授與訓練，長期忽視工程倫理與職業道德的灌輸。

　　為使工程師成為優質的專業人員，能進退得宜地處理非技術層次的道德問題，朱建民(2005)認為應具備下列條件：

1. 要有良好的道德教養，成熟的道德認知發展，並養成道德實踐的習慣。

2. 認識自身專業領域之倫理議題。

3. 熟悉自身專業領域常涉及的倫理原則。

4. 足夠的專業相關知識，幫助認清事實，作出正確的事實判斷。

5. 能夠將倫理原則運用到專業領域涉及之倫理議題，以助於闡明、解決問題。

　　塑造一個富裕而安定的社會，不能光靠專業技術，在高度工業化、現代化的轉型過程中，工程師除了孜孜不倦地為大眾提供各種改善生活的產物外，更必須肩負起保護公共福祉的重責大任，這個工作必須著落在工程倫理教育的推動上。目前教育界、工程界在推動工程教育認證時，也越來越重視工程倫理教育的研究與落實，目的就是希望幫助未來進入專業職場的工程師能具備下列條件：

1. 具備工程倫理的認知，提升責任感與道德感。

2. 協助發現各種工程倫理問題，並培養分析問題、判斷情境、理性抉擇的能力。

3. 培養實踐工程倫理並解決倫理兩難困境的能力。

 ## 1.3　工程倫理教育在國內外的發展

1.3.1　美國的工程倫理教育

　　工程倫理最早的起源，大概可以追溯到 19 世紀末專業工程師學會所寫的《倫理守則》(Code of Ethics)。之後，直到二次世界大戰，當時許多科學家和工程師的參與戰爭，戰後即有許多機構明文提出科學家和工程師

應為他們的專業工作產生的後果負責，1947 年，美國幾個主要學會的聯合組織工程師專業發展評議會（Engineers Council for Professional Development，簡稱 ECPD），首次提出《倫理正典》(Canons of Ethics)，1963 年修訂為《專業工程倫理基本規則》與《倫理正典》；1974 年又發展出新的工程師倫理規則，其中包含三個部分：1.基本原則；2.基本準則；3.建議詮釋原則。當時，像美國土木工程師學會(ASCE)、美國礦冶石油學會(AIME)等部分學會也加以採用；但也有部分學會，如美國化工學會(AICE)、電機電子工程師學會(IEEE)、全國專業工程師學會(NSPE)、土木工程學會(ASCE)、計算機工程學會(ACM)…等，則自行訂定自己的守則。

美國國家科學委員會（National Science Foundation，簡稱 NSF）也資助多所大學進行科學與倫理的研究，麻省理工學院在其資助下成立「工程科技倫理中心」(The Ethics Center for Engineering and Science)，1995 年時建立網站，提供工程倫理教學資源及各學會之倫理守則。

至於美國各大專院校，自 1970 年代即開始重視學生畢業後遭遇到的倫理問題，美國國家科學委員會(NSF)與國家人文基金會（National Endowment for the Humanities，簡稱 NEH），於 1980 年代在任色列工藝學院(Rensselaer Polytechnic Institute)及伊利諾技術學院(Illinois Institute of Technology)兩校討論有關工程倫理課程之設立。到了 20 世紀末，美國許多大學均已發展出相關的專業倫理課程。

除了美國外，其他像加拿大、澳洲、荷蘭、新加坡、英國等越是工業先進國家，對於工程倫理教育的開授、工程倫理守則的制定越是重視，在實行上也越徹底。

1.3.2 我國工程倫理教育

我國發展工程倫理教學起步頗晚，1990 年時，中原大學、清華大學首先試開試驗性的「工程倫理」課程；1991 年召開第四屆全國科技會議，

當時與會的專家學者均呼籲推動開設「工程倫理」相關課程，始有台大、台師大、交大、逢甲…等校陸續跟進；1992 年，由國科會補助的「大學工程倫理課程的教學設計之研究」計畫完成；1996 年的「1996 工程教育研討會」教育行政主管機關亦開始關切工程倫理教育，更多的大專校院亦開始開設工程倫理的相關課程；目前，教育部已發函各校應考量將工程倫理納入課程規劃，以改善我國工程環境品質及提升工程人員專業素養。

　　若以現存真正足以影響專業人員行為的倫理規範而言，在工程界則除了法令體系的「採購人員倫理準則」以外，向來最具代表性的自律規範僅有「中國工程師信條」及「實行細則」，或是如「中華臺北亞太工程師(APECEngineer, ChineseTaipei)倫理規範」、中華民國土木技師公會全國聯合會的「土木技師倫理規範」等倫理規章，其內容不僅鮮為工學院畢業生所知悉，在業界工程人員亦未必皆瞭解（李順敏，2007；張介耀，2004）。

　　行政院公共工程委員會在 2007 年修正「技師執業執照換發辦法」，即要求自 2009 年 7 月 1 日起，技師換發執業執照前應完成「工程倫理」的訓練課程。此外，中華工程教育學會(IEET)積極推動我國工程教育躋身國際平台，讓我國工程教育藉由認證與國際接軌，其認證規範中明確要求「理解專業倫理」「認知社會責任」的倫理教育，因此目前各校為因應執業執照及工程教育認證準則的需求，也積極推動工程倫理課程。

　　中國工程師學會訂定的「工程師信條」：

壹、　工程師對社會的責任
　　　守法奉獻：恪遵法令規章、保障公共安全、增進民眾福祉
　　　尊重自然：維護生態平衡、珍惜天然資源、保存文化資產

貳、　工程師對專業的責任
　　　敬業守分：發揮專業知能、嚴守職業本分、做好工程實務
　　　創新精進：吸收科技新知、致力求精求進、提升產品品質

參、　工程師對業雇主的責任

真誠服務：竭盡才能智慧、提供最佳服務、達成工作目標

互信互利：建立相互信任、營造雙贏共識、創造工程佳績

肆、　工程師對同僚的責任

分工合作：貫徹專長分工、注重協調合作、增進作業效率

承先啟後：矢志自勵互勉、傳承技術經驗、培養後進人才

編著・張東文

02
CHAPTER

倫理學的基本概念

本章大綱

Engineering
Ethics

本章導讀

　　個人品行修養倫理與工程師專業倫理，事實上並沒有極為明確的分野與界限。本章探討層面包涵了：

1. 如何讓自己成為一個素質良好的人。
2. 讓自己的品德成為影響別人生命中的貴人。
3. 有專業實力的基礎，更要有好的品格作後盾。

2.1 倫理學概述

　　什麼是倫理？什麼是道德？從工業時代進入到資訊時代，在一切傳統、價值、觀念都解構重組的 21 世紀，講倫理道德似乎過於迂腐而不合時宜，但事實上，每個人每天的生活都無法避免倫理道德的評斷、考驗、與抉擇。就像每天看到電視報紙的新聞，充斥子女遺棄父母、銀行員監守自盜、官員收受賄賂、商人製造黑心商品…，我們會譴責那些黑心的人、會感歎社會亂象為何層出不窮，這種對「黑心」的譴責、對「亂象」的感歎，其實就是一種道德判斷，其中就蘊含了潛在的倫理觀。

　　倫理問題是我們每個人都必須面對的，這些問題，小至「撒個小謊可不可以？」、「買票插隊可不可以？」，大至「人生的意義為何？」、「如何才能實現幸福？」，倫理思考是人類的特性之一。當我們遇到困境，而感到徬徨和不安，就會想要知道：「何者為是？何者為非？」、「我應該怎麼做？」，倫理道德其實就是我們日常生活的是非判斷與行為準則，而「倫理學」就是處理這些問題的一門學問。

　　本章節將就倫理學的基本概念，討論何謂倫理？何謂道德？倫理學研究些什麼？它的相關議題有哪些？有哪些重要的學說理論？作一簡要的說明。

2.2 倫理學的意涵

2.2.1 何謂倫理？

　　「倫理學」英文為 "ethics"，源自於希臘文中的 "ethos" 一詞，其本意是「本質」、「人格」；也與「風俗」、「習慣」的意思相聯繫，而亞里斯多德(Aristotle)大概是第一個在嚴格的術語意義上使用「倫理學」(ethics)的人，由於他，倫理學才明確地成為一門有系統原理的、獨立的學科（何懷宏，2002），亞里斯多德的兒子尼可瑪各(Nicomachus)把他父親的講稿和談話編纂成《尼可瑪各倫理學》一書，其中有許多對亞里斯多德時代的希臘人所尊崇之各種美德的描述，這是西洋哲學史上最早以「倫理學」命名的書。就西方觀點而言，倫理敘述一個人的品行氣質或社會風俗習慣，進而推至家族、社會群體生活的共同信念與行為通則（陳宗韓、陳振盛、劉振仁、鄭錦宏，2006）。

　　就中文而言，中國歷史上很早就有「倫理」一詞，《小戴禮・樂記》中有：「樂者，通倫理者也」。「倫理」就中文字源而言，「倫」字從「人」從「侖」，「侖」字是「聚集簡冊，依其次第」，「倫」字在許慎《說文解字》：「倫，輩也」，有輩分、類別和秩序等義，引申為同類之次，即人與人之間的不同關係，按次第順序，加以聚合；而「理，常道也」，有條理、道理和分別等義，亦有「原則」的意思。

因此，「倫理」即人與人之間應有的規範標準。就中國傳統而言，就是所謂「父子有親，君臣有義，夫婦有別，長幼有序，朋友有信」五倫，它講究的是人與人之間要建立合理與和諧的關係，這種關係會關乎人們行為品質的善惡正邪，乃至生活方式、生命意義和終極關切（何懷宏，2002）。

2.2.2 何謂道德？

古羅馬哲學家西塞羅(Cicero，106~43B.C.)，用"moralis"來翻譯"ethics"把古希臘有關倫理的學說稱為道德哲學，因此倫理學又稱為道德哲學。在一般使用上，「倫理」與「道德」常被視為同義詞，有時更被連用為「倫理道德」一詞，泛指個人或群體合乎行為規範的行為（沈清松，1992）。

「道德」二字，英文為"moral"或"morality"，出自於拉丁文的"moralis"，是「品德」的意思，其單數"mos"有「品行」與「性格」之意，多數"mores"則有風俗、常規之意，亦即「風俗、常規」乃由個人行為所形成的全體性規律，換言之，道德要求「個人的品性行為」應合於全體的風俗規律，合則為道德，不合則為不道德（王臣瑞，2005）。

而中文的「道」，就《說文解字》是從「首」從「行」，是「人在路中行」；「德」從「直」從「心」，直者正直也，心者天理也，亦即心理正直，故人心正直便是德。所以「道德」就是，個人內在的心理正直，外在的行為表現則合於眾人共行之道。

一般而言「倫理」與「道德」多數情況被視為同義詞，但亦有人認為倫理的意涵比道德為高，倫理可以指稱上下層次的概念意涵，而道德則用來表示現象與具體問題。換言之，當表示規範、理論、關係的時候，我們較傾向於使用「倫理」一詞，而當指稱現象、問題、行為的時候，則較傾向使用「道德」一詞（何懷宏，2002）。或者，我們可以說，「倫理」強調的是群體規範與社會關係，而「道德」涉及的是個人層面，是個人與善惡、

傷害、快樂有關的行為與品德，是一個人在追求人格完美的實踐過程。從中國儒家的角度觀之，「誠意、正心、修身」是道德，「齊家、治國、平天下」是屬倫理，二者微殊但層次有別。

2.2.3　何謂倫理學？

　　一個人生存在天地、人群之間，「如何做人」可說是最重要的課題，生存在天地之間，要頂天立地；生活在人群之間，要出人頭地。頂天立地是要人：頭頂天、腳立地，中間良心要光明磊落；出人頭地則是：要做獨善其身的君子，也要做兼善天下的聖人（鄔昆如、黎建球，1995）。而倫理學正可說是一門研究「如何做人」的學問。

　　在西方歷史上，系統的倫理學產生於西元前五世紀到四世紀的古希臘，經歷了從蘇格拉底、柏拉圖、亞里斯多德師生三人不斷推進的過程；在中國歷史上，倫理學的產生則可以孔子或儒家學說的產生為標誌。那麼，倫理學究竟是一門什麼樣的學問？研究倫理學可以幫助我們釐清哪些問題？倫理學就其實質而言，大致有以下的性質與任務（何懷宏，2002）：

1. 探討人的行為本質的學科

　　人是一種社會性的動物，倫理學就是要透視人的處境，來探討人的行為是基於什麼樣的生理、心理、精神上的限制與需求，而表現出什麼樣的具體行為，並加以描述。

2. 分析有關人性、善惡、良知、意志等的學科

　　針對人性、善惡、義務、良知、意志等各項具有倫理內涵的文字與語句，加以定義，例如：分析人性與獸性有何不同？什麼是善？什麼是惡？何謂良知？什麼是自由意志？這是倫理學中的根本問題。

3. 判斷人的行為善惡、正當、品行問題的學科

　　面對人的具體行動，倫理學要建立一套可依循的標準，判斷在行為的歷程與結果之是非對錯，使人知善行善，彰顯美德的價值。

4. 討論道德原則、道德評價和道德抉擇的學科

知然後行，倫理學教人明辨是非，其目的是要能作為人類的行為法則，當處於道德兩難的困境時，如何思考倫理議題，並對其作出道德抉擇，作為行動的原則。

5. 決定人生目的，以及達到目的的手段的學科

倫理學的目的在於解決生活中面對的各種問題，提出最合理而完善的應對方法，使人向上提升，讓生命達到最充分、最美好的發展。

6. 研究人類幸福的學科

人生的目的在追求幸福，倫理學研究如何建立與天、人、物、我的和諧關係，進而創造快樂幸福的人生。

2.3 倫理學的分類

倫理學研究人的一切倫理事實，其範圍包羅萬象，由於倫理學家們對於倫理學的看法南轅北轍，若要對其分類有許多種方式，但大致可以分為：

1. 描述倫理學(descriptive ethics)

描述倫理學，僅對人的行為的客觀現象作實然描述，並不給予價值判斷或建立準則，即使發現有不合理的生活事實，也不能加以干涉或糾正，著重於陳述在特定時間、特定社會文化裡的道德主張和實踐，有時也稱為科學倫理學或倫理志，廣義而言，人類學、心理學、社會學，都屬於這種倫理學。

2. 後設倫理學(metaethics)

又稱為分析倫理學(analytical ethics)，主要是把我們如何生活的信念系統化，並加以省察其本質與基礎，它不建立人的行為準則，不批判人的

行為之是非善惡，也跳脫對現象的描述，更高一層地直接對道德語詞作語言分析，探究這些倫理字詞的內涵，亦即後設倫理學研究的重點在於倫理學知識的特質，將倫理原則和道德判斷本身作為研究的對象，例如問到「什麼是善？」、「什麼是惡？」、「為何說謊是錯的？」。

3. 規範倫理學(normative ethics)

規範倫理學不只是一個純粹理性的理論哲學，更是一門實踐科學。因為規範倫理學，不僅研究人行為的本質，探討道德的最深基礎，也要建立人的行為的實際標準與指引，因為規範倫理學認為人的倫理字詞，如善惡、是非、義務、正義…，都有其實際的意義，與人的行為有密切的關係，不應只是客觀地描述與分析。規範倫理學立基於相信人的理智，有能力去分辨善惡、評斷是非、認識真理，知然後行，它肯定人之所以為人，是因為人必須過倫理道德的生活，因此人必須找出普遍有效的應然規範，為行為建立一套可依循的標準，對人生各項倫理議題的思考，作出符合道德的抉擇。規範倫理學可說是：「以人的理智研究人的行為的絕對規範和實踐的科學」（王臣瑞，2005）。

4. 應用倫理學(applied ethics)

應用倫理學興起於 1960 年代中期的美國，它以規範倫理學提出的道德原則，運用在不同的專業與專題，例如工程倫理、環境倫理、傳播倫理、企業倫理…，目的在研究特定領域所面臨的具體倫理問題。

 ## 2.4　倫理學的相關問題

倫理學就其性質與任務而言，是一門研究個人如何在人群生活中，不論思想、行為上都符合倫理法則，過道德而良善的生活，進而實現人生目的的學科。因此，倫理學要討論的是一套對所有人都有效，能放諸四海皆

準的道德規範，在決定道德規範之前，諸如人性、善惡、良知、意志、美德等相關問題，必須先加以討論。

1. 人性

人是理性的動物，能反省、能判斷，是道德行為的主體，這是人類所獨有優於其他動物的天生特質與稟賦，亦即所謂的「人性」。倫理學討論「人性」的問題，自古以來的哲學家，大致分為「性善說」、「性惡說」、「性有善有惡說」、「性無善無惡說」四類觀點，這些不同看法，必然對我們應當做什麼和怎麼做，得出不同的結論：

理論	哲學家	簡述內容
性善說	孟子、盧梭 (Rousseau)	認為人生來就有「不忍人之心」，有孟子所言「惻隱之心、羞惡之心、恭敬之心、是非之心」四個「善端」，以教育去加以引導，就能拓展成仁、義、禮、智四個德性，使行為變成善。
性惡說	荀子、韓非、霍布斯 (Hobbes)	認為惡是人先天的傾向，若順著惡的本性發展，就會有惡的行為，荀子〈性惡論〉說：「人之性惡，其善者偽也」，所以主張透過教育「…將有師法之化，禮義之道，然後出於辭讓，合於文理，而歸於治」，引領出禮教、化性、起偽的作用，使向惡之心改變為向善。
性有善有惡說	揚雄、王充、佛洛姆 (Fromm)	認為人性中有自私、嫉妒等惡性，也有仁愛、互助等善性，透過環境和教育可以「修其善則為善人，修其惡則為惡人」（楊雄，〈法言三〉）。
性無善無惡說	告子、董仲舒、洛克 (Locke)	人性本身無所謂善惡，就像一張白紙一樣，塗上不同的顏料就會呈現不同的顏色，故善惡都是外鑠的，受到外在環境影響而改變。

哲學家們對於人性的看法莫衷一是，雖各有其基礎卻都無法道盡人性事實，但在倫理學的討論中則有一基本預設：人的存在，除了物理的、生理的、心理的層次之外，還有更高的一種層次，就是「向善之心」（鄔昆如、黎建球，1995）。

2. 善惡

何謂善？何謂惡？《孟子‧盡心下》：「可欲之謂善。」亞里斯多德也說善是「一切物之所欲也」，因此善指涉的是一種可欲性，能引起它物產生慾望、獲得滿足者，都是善。那麼，善有多少種？因各物的需求不同，可以分為數類（鄔昆如、黎建球，1995）：

第一類可分為本體善、物理善和倫理善。本體善指所有物就其本身而言，均有物性，都是善的；物理善則是各物本身條件的成全，例如一個人四肢、頭、各部分健全無殘缺，即為物理善；倫理善就是道德的善，是身為一個人，符合人群中的倫理法則，具備高尚人格所需的德行。

亞里斯多德把善分為正善、娛善與益善。正善是一物按其本性及按真理所需要之物，例如健康對身體、知識對理性、德行對人而言都是正善。娛善是能引起人快感，給人享受、滿足的都是娛善。益善指的是得到正善或娛善的方法，即是為達到目的的方法，如醫藥對病人有益、飛機對旅客有益等。從倫理觀點來看，正善是最高尚的善，是人依其本性修養，使自己順乎正理，合乎倫理規則，行善避惡，完成自己人格的善。

除上述善的種類外，善還可分為主觀善與客觀善；絕對善與相對善；真正善與表面善。

惡則與善相對立，簡單而言，惡是善的缺乏，亦即一種缺陷，凡一物缺乏「能」有與「應」有之物都是惡。倫理惡是我們特別要關注的問題，其定義是「違反倫理規則的人性行為」，當人的行為違反道德規範時，無論它是積極做惡，或消極的不避惡或不行善，都是倫理惡的範圍。

3. 良知

善的真正意義，在於「知善」行善、「知惡」避惡，這種分辨善惡的能力，就是良知。西方倫理學的良知，源自共識，所謂共識就是內心與倫理法則的認同。亦即，良知是主觀意義的道德標準，是個人內心對於人與善的關係之認識，且是一種追求真理的理性及基於人類自然嚮往真善美的

心與意志，指明人性反省的目標要向上提升並朝向完美，這一顆向上及完美的心，就是良知的基本要求（鄔昆如、黎建球，1995；陳宗韓、陳振盛、劉振仁、鄭錦宏，2006）。

良知是一個人思慮行為判斷的準則，可以統攝人的行為，在行為之前對行為人給予趨善避惡的指導，在行為當中則監督行為人切實行善，在行為之後則進行反省。人若依其良知做事，就是一個好人、善人，覺得心安理得，若違背良知行事，則會深感不安而受到良心譴責，所以俗話說：「平時不做虧心事，夜半敲門心不驚。」因此，良知是個人行為的法官。

4. 自由意志

自由意志指的是一種人的心靈狀態，人在沒有無可抵禦的外在壓力條件下，亦即人在可以充分發揮自己能力的條件下，對於自己的行為有自行抉擇的權利。人的行為由開始到完成，其間經過許多的心理過程，理智認知行為的是非善惡，最後由意志決定做與不做。所以，人可以為了理想，選擇與自己慾望完全相反的事，就像孟子所說：「生，亦我所欲也；義，亦我所欲也，二者不可得兼，舍生而取義者也。」（孟子·告子上）。求生存雖然是人類最基本也最強的慾望，但為了更崇高的目標與理想，人可以甘心情願去犧牲，這是意志的作用。

人如果沒有意志自由，便談不上行為的善與惡、功與過，就像被歹徒攻擊時，不得已因自衛打傷歹徒時，不應被苛責是犯了傷害罪。因此意志自由意味著自己是自己的主人，必須對自己的行為負責任，是行為價值的基礎。孔子自述「七十而從心所欲不踰矩」，可以想做什麼，就做什麼，但不會踰越該有的行為規範，這是很高的道德境界。

5. 道德規範

良知用以分辨善惡，而規範則決定善惡。倫理學要探討道德的最深基礎，建立人行為的標準，因為只有人能體認道德規範，也只有人具備實踐道德的能力，在「道德規範」的確立與遵守中，人才能活得像個人，超越獸性與物性，彰顯高尚的人性。

　　所以道德規範，一者是針對自己的修為，要人在自身肉體與精神的限制與需求中，讓自己的知、情、意正向發展，追求個人人格完美的實踐過程；再者，針對人與他人的相處，要合乎倫常、謹守分際，發展合理與和諧的關係；最後，人活在社會、國家、宇宙之間，與全人類命運相繫，與天地萬物休戚相關，要致力永續共存的目標。換言之，道德規範就是「人與天」、「人與人」、「人與物」、「人與我」四個面向的應然規範與實踐規準。

　　當然，由於時空的不同，道德規範亦不盡相同。無論在風俗習慣中的情、理、法，都奠基於人的具體需求中發展，呈現出一種對個人德行（節制、勇敢、誠實…）的要求，以及對理想環境（正義、平等、博愛…）的追求，但在不同的時空條件下，會有不同的標準，例如古代三妻四妾視為平常，但在今日則會被視為對感情不忠誠的行為。因此，作為一種實踐科學，道德規範是倫理學的一大課題。

6. 人生目的

　　人為什麼要存在？人生有無意義？人為什麼要有倫理道德？為什麼人要做好事，不可以做壞事？人的生存是否只是為了現世？這些問題都涉及了人的行為的目的，也是人生目的的最基本問題。人生的目的是什麼？大概每一個人都會希望有一個幸福快樂的生活。而倫理學的主要任務，是要探討人行為的本質，運用理智來辨別是非、判斷善惡，並指出人行為的標準，因為意志自由來選擇行善避惡，使人立身行事均能有所適從，這種有意義的道德生活，使人性昇華而超越，成就人生的美善，獲得幸福的生活。

　　因此，人的目的是為過倫理生活的目的，正如德國哲學家包爾生所言，倫理學的目的，在於解決生活中的所有問題，使生活達到最充分、最美好和最完善的發展，因此，倫理學一方面要決定人生的目的或至善，一方面則要指出實現這一目的的方式或手段（何懷宏，2002）。

倫理學說概述

　　假如你和朋友共同參與一項重大犯罪案件，例如綁票勒索，結果警方依路口監視器查到肉票是你們帶走的，但卻沒有足夠的證據證明你們把他撕票了，這時警方將你與你朋友隔離審訊，並分別告知你們有三種可能：

1. 其中一人認罪並指證另一位不認罪者，則認罪者轉為汙點證人，判一年徒刑，不認罪者判 15 年。

2. 若二人均不認罪，則均判 3 年。

3. 若二人均認罪，每人均判 7 年。

　　那麼，在完全不知道你的朋友是否會認罪的情況下，請問：你會不會認罪？如果你選擇認罪，你是基於什麼樣的理由？如果你選擇不認罪，那麼，你又是基於什麼樣的理由？

　　這是有名的「囚犯兩難」論證，事實上，當我們在面對人生中許多無法預期的事時，有時，我們會陷在一種困境中，不知該如何才能妥善處理，能夠為自己找到最佳的出路，甚至與別人互利共存；有時，我們會有自己堅持的原則和立場，但在不同的時空環境中，要讓自己「一路走來，始終如一」也很困難，要求一個人做任何事情都能秉持一貫的立場，實在有點強人所難。然而人人心中都有一把道德的量尺，我們往往會有一個自己用來判斷是非對錯的基本原則，並據以形成我們的行為標準。歷史上，不同年代的哲學家提出了形態繁多的倫理學理論，以下僅就義務論、效益論、德行倫理學作簡要說明。

2.5.1 義務論(Deontological Theory)

　　義務論者主張，一個行為的對錯，不應決定於該行為所造成的結果或目的，而必須取決於行為本身的性質是否正當。

康德(Immanuel Kant, 1724~1804A.D.)是最著名的義務論者，他生於德國科尼斯堡一個虔誠的新教徒家庭，幼年時曾有過的虔誠信仰，對他後來的生活及學術有極大影響。在道德哲學的論述方面，康德是著名的「義務論」者，他為此一共寫成了三部著作：《道德形上學之基本原理》、《實踐理性批判》、《道德形上學》，其中以《實踐理性批判》對後世的影響最深。

　　康德指出道德在人生中的必要性，每一個人都要受道德的約束。人作為一個行為主體，從事著感性的活動與理性的活動，人因感性的活動而受外物支配，使我們內心常陷入一種到底該遵從道德要求或臣服慾望誘惑的拉鋸戰中，康德認為，道德要求應是客觀、獨立於人而存在，且普遍、必然地規範每一個人。他要建立的是「一般的道德意識」，尋求只要是理性的人都能加以瞭解的道德基礎。

　　康德認為，世界上只有一樣東西是無條件的善，就是「善意志」(good will)，所謂善意志是依照道德要求去選擇行為的意識傾向，就是一個人為了實現他的道德義務而行動的意志，並不是因為它能達到好的結果或目的，而是它的本質是善的，它使人的行為只是單純地為義務而盡義務，例如：一個商人童叟無欺，是因為童叟無欺是商業交易該有的義務，而不應是為了博得好名聲。因此，道德行為的價值取決於良善的動機，即使結果為惡，結果不能作為評價行為者意念的依據。良善的動機使行為具有道德的價值，因為道德的本身就是目的，不能當作手段或方法（王臣瑞，2005）。

　　康德認為「善意志」來自於行為者自身，因為人具有理性，能夠認知現象背後的意義，主動而自覺地根據某種原則作為行動的重要依據，亦即，人是「自願的」(voluntary)受到理性的指引形成善意志，這種出於內心義務感的行為，能產生力量與慾望的誘惑相抗衡，才使行為具有道德價值。而理性表現在建構知識時稱為純粹理性(pure reason)，但表現在指引行為時則為實踐理性(practical reason)，意志即實踐理性。

　　一個因義務而做的行為，其道德價值在於決定此行為的準則(maxim)，若準則只是個人基於自己特殊的慾望與目的而採取的行為，是

為主觀原則，但康德不能接受道德原則只是個人意志的主觀原則，所以他區別出適用於所有理性人的實踐法則(practical law)，其條件對所有人皆為有效，是為意志的客觀原則，具有普遍客觀性。

至於意志為何能要求人的行為要為義務而盡義務，康德說這是因為意志的自律性(autonomy of the will)，亦即意志會給自己出命令，給自己定法律，道德法則就是人的意志為自己設下的應當遵守的形式，意志是立法者也是守法者，它給自己定下的道德法則是一個「定言令式」(categorical imperative)，亦即不帶任何條件的命令，而是具強制性的「我必須」、「我應該」，意志命令具有絕對性，既為道德法則就不應有任何條件，所以不應是「假言令式」(hypothetical imperative)的「如果…就…」。

所以，主觀原則與道德法則相衝突時，道德法則是無上的命令，使行為受到約束，這種被約束的行為，就是「義務」(duty)，而那選擇克服種種欲望和目的的「意志」，就是所謂的「義務心」。只有純然出自「義務」的行為，才是既合乎理想，同時亦合乎「道德」的行為，這樣的行為才能稱之為具有「道德」的價值。

最後，康德對自己的倫理形式，提出了三個假設：意志自由、靈魂不死、上帝存在。因為，人如果不自由，意志的自律性便屬不可能，意志之所以能制定普遍法則，並能使自己遵守，先決條件必須意志自由；但行道義者，未必能在人世間「福德一致」，因此康德提出上帝存在，作為賞善罰惡的保證，讓靈魂不死，人就會在永恆的存在中，為自己的行為負責。

2.5.2 效益論(Utilitarianism)

目的論(Teleological Theory)是當代很重要的倫理學理論，它主張一個行為的對錯，取決於行為所產生的目的或結果。效益論(Utilitarianism)屬目的論的一種，它的思想淵源，大概可以追溯到快樂主義(Hedonism)，它和快樂主義相同的是，他們皆以快樂作為人生的目的與道德的標準，但效

益論把追求個人的快樂擴展到追求群體的快樂，因此，又被稱為「利他快樂主義」(Altruistic Hedonism)。這個理論盛行於 19 世紀的英國，邊沁 (Jeremy Bentham, 1748~1832 A. D.)可說是最先有系統地介紹「效益論」的人。

　　邊沁生於英國，13 歲進入牛津大學，原為研習法律，但因發現當時的刑事法和政治結構有許多問題，例如：法律和政治機構究竟想達致什麼目的？這個目的該不該追求？如果答案是肯定的，那麼，達到目的了嗎？邊沁的這些疑問，其實都涉及了人生的目標，也指涉了善的問題，最後他放棄律師之路而成為哲學家。著有《道德與立法原則概論》，是倫理學的重要著作。

　　邊沁的效益論，建基於人性論上，他認為人的本性是趨樂避苦，快樂是善，而痛苦是惡，因此，快樂和痛苦是我們行動實際上的支配者，也是判別什麼事應該做，什麼事不應該做的標準。他認為「快樂」包含了身體的滿足與心靈的愉悅，所以吃飽喝足是快樂、獲得財物是快樂、得到他人善意對待是快樂…，而且由個人的快樂還要推到整個社群中所有成員的整體苦樂，因為一個人無論何時做什麼事，他的行動結果都會影響到他人的生活，也許帶給一部分的人是快樂，但帶給另一部分的人卻是痛苦。因此，在個人感到快樂的同時，也要能顧全眾人的快樂，所以邊沁效益論的最基本公式就是要：「追求最大多數人的最大幸福」。

　　首先，若與古代伊比鳩魯(Epicurus, 341~271 B. C.)的快樂主義相比，快樂主義較強調「快樂」的主觀、心理層，而效益論則較強調「快樂」的客觀、可見利益和效用的一面；且伊比鳩魯較強調個人、自我為幸福的主體，但效益論更強調社會整體或大多數人的幸福（何懷宏，2002）。再者，在上述的公式中，其實隱含了三個假設：1.善是可是量化的；2.惡也可以量化；3.善和惡可以相互評比及相互抵消。由上述兩點觀之，如果利己的快樂與利他的快樂產生衝突，該如何解決？而善惡的計算標準又是什麼呢？

　　邊沁提出一個「快樂量表」(hedonic calculus)，有七個指標來衡量苦、樂的程度，用以精確算出快樂和痛苦的數量，這七個指標是：強度有多激烈？時間可延續多久？發生機率有多大？何時會產生這種苦或樂？影響近或遠？是否有後續可能衍生的快樂或痛苦？受到影響的人有多少？然後把這些結果加以計算之後，選擇快樂淨值最高的行動，亦即我們常說的「兩害相權取其輕，兩利相權取其重」。

　　當然，即使有這樣的「快樂量表」，並不表示效益論的問題就此解決，例如：當個人的利益與大多數人相衝突時，「犧牲小我完成大我」真的合理嗎？真的符合大多數人都能接受的正義原則嗎？再者，快樂只有量的差異，沒有質的分別嗎？這一點，邊沁的後繼者約翰・彌爾(John-Stuart Mill, 1806~1873)修正效益論，使邊沁的學說更周延也更人性化。彌爾主張，基本的道德規範要遵行所謂的「效益原則」(principle of utility)，他以「幸福」取代「快樂」，主張一個行為雖要促使人類幸福的極大化，但亦必須將幸福的功效估算運用在道德通則，亦即追求快樂的行動仍須依循普遍而客觀的道德規範，例如：不偷、不搶，彌爾的這種主張叫做「規則效益論」(rule-utilitarianism)。

　　「效益論」完全以行為的結果來定義行為的善惡，幸福（或快樂）的多寡是道德的基本考慮要素，任何事物的善惡程度，等於它所包含或創造的幸福或利益的多寡，所以是一種目的論的論述。

2.5.3 德行倫理學(Virtue Ethics)

　　德行倫理學在中國與西洋哲學史上都有源遠流長的傳統，就西方哲學而言，最重要的當然是希臘哲學家亞里斯多德(Aristotle, 384~322 B. C.)。他出生於斯達吉拉(Stageira)，父親是馬其頓國王的御醫，17 歲時他離開故鄉前往雅典，成為柏拉圖(Plato)學院(Academy)的學生，追隨柏拉圖約 20 年之久。他留給世人三本以倫理學命名的著作，分別是《尼可瑪各倫

理學》、《優狄米亞倫理學》和《大倫理學》，其中影響後世特別深遠的是出自《尼可瑪各倫理學》中的論述。

　　亞里斯多德的哲學方法與柏拉圖極為不同，柏拉圖鄙視感覺經驗，但亞里斯多德則喜好事實的根據。他專注於對自然界的觀察，加以研究而得到結論：所有的生命體都是一種有機體，它是一個自始即承載著目的與意圖的獨特完整個體；亦即所有生命體都負有目的與意圖，就是要盡可能地在所處的周遭環境中努力實現自己、追求發展自己。

　　而人類也是如此，亞里斯多德認為，人類和所有生物都表明了一種原始渴求的特徵，就是追求對自己有利的，藉此發現喜悅與幸福。因此他在《尼可瑪各倫理學》裡，開宗明義就說：「任一技藝與任一研究，或任一行為與任一選擇，乃是為了企獲某一種善；因此之故，善可界定為一切事物所企獲得到的目標。」（傅偉勳，1990）。人也有普遍相同的自然傾向，一般人對於倫理生活與行為的問題也應有大致的看法，我們可由此推出具有普效性的道德法則。

　　人們通常以為人生的目的是什麼呢？亞里斯多德以為，幸福是人生最高的目標，幸福的生活就是一種至善的生活，人們的各種行為，如追求快樂、榮譽等，無論出於有意識或無意識的活動，最終的目的無非都是為了求得幸福。他設定了幸福應該有四個條件：1.幸福與人類理性活動有關；2.幸福是一種實踐；3.幸福應與德行相一致，包括知德與行德；4.幸福必須長久到涵攝整個人生。由上述可知，幸福是合乎德行的活動，那麼：何謂德行？

　　亞里斯多德探討了當時希臘社會認同的諸多美德，如：勇敢、慷慨、真誠、榮譽、節制…，他認為德行是一種習慣養成的氣質傾向，表現於外在行為，德行不只是天生的特質與氣質，亦可經學習而得，是性格的特性（林火旺，2007）。而且，一切善的行為皆有一種共同特徵，就是都具有某種秩序、均衡或比例，因此，德行是介於「過」與「不及」這兩種極端

之間的「中庸之道」，例如：人面對自己的慾望，縱慾為太過，禁慾則為不及，節制才是恰到好處的德行。

德行倫理學要探討的中心問題是：如何培養德行卓越的人，亦即：「我應該是什麼樣的人？」(What shall I be?)，強調的不是「做」什麼，而是「是」(being)什麼，因為德行倫理學認為，從一個人的行為表現可以看出他是什麼樣的人，強調道德應該重視人的性格特點、氣質，而非由外在規則要求他去履行義務（林火旺，2007）。因為，「德行」其實是道德原則、義務等內化成個人的人格，具備這樣人格的人，他的行動會完全基於良善的動機，他的行為方式也會自然而然地符合道德規範。畢竟，道德規範只不過是行為的指引，並非道德的本質，況且規則常會隨時空環境而改變，因此德行倫理學重視理想的人格典型，培養一個能「從心所欲不踰矩」的人比道德規範來得重要。

以上簡述了三種較為人熟知的倫理學說：一是著重行為動機的義務論，二是著重行為結果的效益論，三是著重人格培養的德行倫理學。歷史上，不同的哲學家就有不同的倫理標準，即使同一學派的哲學家，彼此間也有或多或少的差異。每一種理論都各有其優劣，每一種學說亦各有其漏洞，但仍可以作為我們檢視自身倫理原則的參考。

2.6 道德與價值

美國廣播節目中，曾經出現過這樣一個問題：「在一架從美國飛往亞洲的小飛機上，除了駕駛員之外，還載著三個當今世界上非常重要、非常有貢獻的人物：第一位，是一位很重要的政治人物，他握有機密，只有他的親臨才能解決恐怖攻擊與世界大戰的危機；第二位是個科學家，他剛發現能解決地球臭氧層破洞的方法，只有他一人知道，但還來不及對外公開；第三位是個醫學家，他剛發明 AIDS 的解藥，但解藥的化學方程式也

只在他的腦中，尚未公布。就在飛機飛到半途時，突然發現飛機超重，除了駕駛員外，另外三個大人物都不會開機，三人中勢必有一人得跳機。但是，看來這三個人都是無可取代的重要人物，那麼，你認為誰最應該跳下去？」

當時有很多聽眾 call-in 進去表達自己的看法，有人說，天下的政客都是一樣的，所以政治人物跳下去好了；也有人說，臭氧層破洞，對我沒有立即性的危害，犧牲科學家好了；還有人說，我沒有亂來不會得 AIDS，讓醫學家死了算了。聽起來，三種答案似乎都很有道理，你覺得呢？

就在三組人馬吵鬧不休時，有一個七歲的小朋友 call-in 進去，當他講完答案之後，所有大人們都閉嘴了，因為他的答案最好。他說了什麼？他說：「把最胖的推下去！」

就理性而言，既然是「超重」，最好的答案當然就是「把最胖的推下去！」，但是，往往我們都不會選擇這樣的答案，這是因為我們都有「價值」的考量，就是我們對於「某物或某事所值」的看法。

何謂「價值」？價值原是經濟學上的一個名詞，是指物品的用途或交換數值，但現代人往往把價值當作善與目的的代名詞（王臣瑞，2005），凡是善的東西、可以當作目的來追求的東西，都具有價值。因此，我們可以說，一個東西是否有價值，端視人認為它是否有用。

價值含有等級之意，不但在量上有等級，在質上也有等級，根據價值的性質，可以分為三等：

1. **物質價值**：是維持人生的必要條件。

2. **精神價值**：人於物質生活之外，還要求文化、尊嚴、美…，而這些均屬精神價值。

3. **道德價值**：是人精神價值的最高點，因為這是人的人格價值，人以自己的自主能力把自己的理智和意志發展到最高峰，完成自己的人性與目的，使人與罪惡相隔離。

因此，價值還可據以分為道德價值和非道德價值二種，倫理學是價值理論的一部分。而 Joseph M. Bochenski(1992)曾表示：「人生在世，並非只需思維實在的事物。他不只想要『理解』，而且還要評估『價值』；換言之，他還想明白此物或彼人究竟可愛或可恨、善良或邪惡、令人愉快或讓人厭惡、高貴或平凡、神聖或世俗等等…。在大部分的情況裡，我們的生活皆決定於價值之評估。」就像前述的故事，每個人心中的天平都在秤那三個大人物的斤兩，來決定誰生誰死，卻捨棄了最理性的答案，這就是因為價值主導了我們的選擇。

我們在道德領域中最常碰到的難題就是道德衝突，亦即有時在面對道德抉擇時我們會陷入一種兩難的困境，因為不論選擇哪一種行動，都會違反某種道德原則，這種道德兩難，就是價值的兩難。如果我們能明確知道價值的高低和優劣，這種兩難的處境或者能免除，但正因為無法決定價值的優劣，價值的無法取捨就變成道德判斷的不確定性，因此，價值判斷可以說是道德理論的核心（林火旺，2007）。

2.7 道德與法律

為維護社會運作的良好秩序，通常除了道德之外，宗教、法律亦對人的行為具有約束力量。其中，道德與宗教的關係極為密切，許多宗教的教義教規，往往也以道德要求為核心，要求信徒恪守規範，但宗教畢竟是透過自願接受的信仰方式，對於沒有宗教信仰的人而言並無約束力；再者，宗教對教徒的行為要求，與一般由風俗習慣發展而來的道德規範，要求未必一致，不同宗教的規範亦可能不一樣。

較值得討論的是道德與法律的關係，若說宗教是神對人的管理，那麼道德和法律二者都是人與人之間相互的約束，而且二者在現代社會的聯繫比在傳統社會還要更接近：首先，因為道德規範與法律規範有相當大的重

合，許多規範既是道德規範也是法律規範；再者，這兩種力量是可以互相
支持的，好的法律必須符合人們的道德信念，人們的道德意識是促使大家
守法的基礎（何懷宏，2002）。但是，法律與道德仍有許多不同之處（劉
建人、柯菁菁、陳協志，2006）：

1. **道德與法律制定的程序不同**：法律由立法機關經立法程序制定，而道
   德規範往往經過長時間由世俗習慣發展而來。

2. **執行力不同**：法律可藉由國家公權力來執行，但道德規範無法藉公權
   力執行。

3. **規範的明確度不同**：法律是明確的文字形式規範，道德則是較模糊的
   標準。

4. **處罰的性質不同**：觸犯法律者可以剝奪其自由權、財產權、生命權，
   但違反道德規範通常遭受的是社會的輿論壓力，如個人道德知覺較強
   者，則有良心譴責。

5. **衝突的解決不同**：法律解決社會中人與人之間的衝突，道德常是去調
   和人們內心的衝突。

　　另外，有關道德與法律之間的可能關係有（林火旺，2007）：

1. **合乎道德且合法**：例如商家奉行童叟無欺的交易原則。

2. **合乎道德但不合法**：例如騎車不戴安全帽，行為本身無關道德，但違
   法。

3. **不道德但合法**：例如還見路人被搶不但沒有見義勇為，而且駐足圍觀。

4. **不道德亦不合法**：例如以針孔攝影機偷拍別人的隱私並加以散布。

　　我們常稱法律是「最低限度的道德」，雖然法律對人的行為具有約束
作用，但法律仍然不能完全取代道德，道德規範有其較為積極的一面，不
像法律往往只管是否有犯罪事實，道德還深究行為背後的社會背景和環境
成因，同時，道德要求人不僅要守法，還要心存正直，才能稱為好人或善
人。

03 工程倫理學
CHAPTER

本章大綱

Engineering
Ethics

本章導讀

　　工程師的專業，在其工程專業領域因為利害衝突，造成抉擇上的困難，但是手續完備、程序合法是最基本的要求。

　　本章重點如下：

1. 八大倫理守則

2. 工程人員四大檢視條件

3. 工程人員八大義務關係對象

 3.1　工程師是一種專業

　　一般而言，我們常把專精於某種學問或行業的人，例如醫師、律師、建築師、會計師等，視為一種專門化的職業，《牛津英語大辭典》中將「專業」(profession)定義為：「一個人專門從事於一種職業，這種職業必須有高度的學術或科學上的知識與技能，以應用於他人的事務，而提供專門性的服務。」。

　　所謂「專業」可歸納出四項特徵（R. J. Smith, 1969、Martin and Schinzinger，張勁燕／譯，2007）：

1. 專業必須結合特殊知識，具備純熟的技能，發揮判斷力，以審慎保密的態度執行工作。

2. 為了從事專門職業，除了接受正式的相關教育之外，還必須經過相當時間的實習過程以及不斷地在職訓練。

3. 各種專門職業的成員組成組織或協會，自訂專業標準及成員行為準則，以保持成員的素質。

4. 藉由專業的執行，從事公共服務，謀取社會大眾的福祉。

綜上所述，「專業」的構成有四個標準，亦即：知識、訓練、組織、大眾福祉。

那麼，有哪些職業滿足這些標準呢？這其實有許多爭議。就我國行政院主計處編纂的《職業標準分類》中，對「專業人員」界定如下：「凡從事科學理論研究、應用科學知識以解決經濟、社會、工業、農業、環境等方面問題及從事物理科學、環境科學、工程、法律、醫學、宗教、商業、新聞、文學、教學、社會服務及藝術表演等專業活動之人員均屬之。本類人員對所從事之業務均具有專門之知識，通常須受高等教育或專業訓練或經專業考試及格者。」工程師名列其中，因為無庸置疑地，工程需要具備廣泛和精湛的技術，除了花費四年在大學接受工程學領域的知識外，還需要大量的正式訓練與不斷的技術精進，任何一個工程領域都有其專業組織，例如中華工程教育學會(IEEE)、中國土木水利工程學會(CICHE)…等，而且，在環境保護、交通運輸、能源開發…等各方面，工程師確實地為社會大眾帶來極大的福祉，由此可見，工程師當然是一種專業。

3.2 「工程倫理」是一種專業倫理

倫理學規範了一般人的行為與方向，必須符合倫理法則，過道德而良善的生活，但倫理的規範，在進入專業領域時，還需要進一步瞭解在專業內有哪些相關的需求？而這個部分，就是所謂的「專業倫理」(Professional Ethics)。專業倫理學包含在應用倫理學的範圍之內，它也是一般道德原則的應用，只不過它應用的對象特別限定於某一專業領域的人員或問題，故而涵蓋範圍較應用倫理學略小（朱建民，2005）。

　　一個能被稱為是專業人士的人，應該是專精於所屬領域的知識，具備相關才能與從業倫理或道德的人，因此，專業倫理可說是針對某一專業領域的從業人員，所訂出的相關行為規範，它用以描述這些從業人員在執業時與他人之間的道德關係型態，是一種最理想的型態，並使他們能保有其職業尊嚴和才能，用以履行他們的專業義務。總括而言，「專業倫理」包含兩個層面：一是此專業組織內部的問題；另一則是攸關此專業與社會間的關係，亦即專業即應承擔社會責任（行政院公共工程委員會，2007）。

　　「工程」是一種專業，因此，「工程倫理」當然是一種專業倫理。

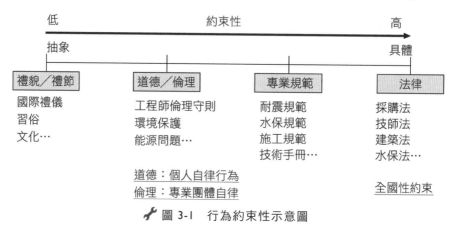

　　　　　　　　　　　圖 3-1　行為約束性示意圖

（資料來源：行政院公共工程委員會，2007。）

3.3　工程倫理的意義

　　「工程倫理」(Engineering Ethics)屬於一種專業倫理，馬丁和薛尼辛格（Martin and Schinzinger，張勁燕／譯，2007）將它定義為：1.學習個人及機構從事工程所遭遇的道德爭議及決策；2.學習在工程活動中所包含的道德理想、人格、政策、人和公司之關係等相關問題。

　　換言之，「工程倫理」處理的是一個工程師，在他執行業務的過程中，所可能會面對的各種倫理道德的問題，尤其是工程上令人為難的道德兩難問題，因此，要建立專業工程人員應有的認知與實踐的原則，作為道德抉擇的依循方向；再者，作為一個工程師，除了面對本身的業務內容外，還有「人」的問題必須面對，除了自己的工作伙伴及雇主外，可能還有產品的使用者、社會大眾、其他同業，甚至律師、民意代表…，工程倫理就是工程師與工程人員或其他團體、或社會成員互動時，應遵循的行為規範。

　　綜合整理各國工程倫理規範及實務常見問題，可將工程倫理之義務關係對象分為個人、專業、同僚、雇主／組織、業主／客戶、承包商、人文社會以及自然環境等八大類別，此八大類別之常見倫理課題如下（李順敏，2007、行政院公共工程委員會，2007）：

1. **個人**：端正言行、勝任能力、公平競爭等。

2. **專業**：持續進修、永續發展、過度宣傳問題等。

3. **同僚**：領導、服從、利益衝突、群己合作等。

4. **雇主／組織**：忠誠度、兼差、公器私用、侵占問題等。

5. **業主／客戶**：誠信、業務保密、智慧財產權、契約課題等。

6. **承包商**：贈與餽贈、圍標、回扣、採購問題等。

7. **人文社會**：公共福祉、衛生安全、社會秩序等。

8. **自然環境**：汙染、生態失衡、資源損耗問題等。

　　因此，針對一般常見的工程領域，可以綜合歸納出工程倫理常見的主題，包括：工程師的權利與義務、對雇主的責任、工程師的安全責任、風險管理與危機處理、環境倫理的爭議、資訊與網路倫理、科學與實驗倫理、工程師的法律責任、產品倫理、施工倫理、專利權與智財權、倫理守則…等。本書的章節，一者由於篇幅所限，無法將這些上述主題一一臚列，只選擇工程師議題管理、環境倫理、危機管理、網路倫理、工程師的安全衛生倫理、智財權…等加以論述，並增加實務篇作為討論案例；再者，針對

目前臺灣社會常見的工程師問題，諸如愛情倫理、情緒管理等主題作介紹，是為本書之特色。

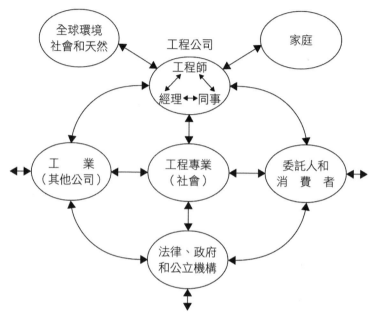

🔧 圖 3-2 工程師可能遭遇的潛在專業爭論背景

（資料來源：張勁燕，2007。）

編著・蔣和家、許庭瑜、古煥文

04
CHAPTER

工程倫理
（ESG 實務篇）

Engineering
Ethics

本章導讀

　　工程倫理是運用於工程技藝的道德原則，系統運用於工程執行過程中以有形的人為主體之同事、雇主、客戶、社會、政府，而又以大地、環境保護為主，更以無形的道德、倫常、責任、認知、歸屬為輔所組成，使公司在永續經營過程中如何結合工程發展、企業發展、目標、管理、研發、責任等系列所組成。故工程倫理的永續經營層面，自有其在企業經營占有之重要性與必要性值得加以探討。

 # 各國與臺灣 ESG 發展重點

　　社會企業倫理時至今日，許多企業經營不只是為了賺錢為第一職志，而是將社會責任與倫常納入企業經營中做為最大考量。幾個赫赫有名之大型企業透過管理、關懷、認養、結合等模式，將商業倫理融入社會倫理，不只是口號而是以實際行動導入，諸如：無圍牆公司、道路、公園認養、老人關懷據點設置、教育課程舉行、社會責任展示、企業捐贈、綠色行動、食物銀行、有機種植基地等等各種經營模式，將企業的經營除了賺錢外，更以社會責任參與納入經營項目考量，最終得到社會認同、消費者共同參與，真正達到取之於社會用之於社會的終極目標。

4.1.1 何謂 ESG？

　　近年來全球各地漸漸發現氣候變化會對自然環境、社會及全球經濟會產生嚴重的影響，因此越來越多學者專家發起 ESG 的概念，所謂 ESG 就是 Environmental（環境）、Social（社會）、Governance（公司治理）這

三個字母的縮寫，許多評分機構用這 3 個面向來幫企業打 ESG 分數，投資人可以透過 ESG 分數的高低作為選股的考量，因此也稱為 ESG Investing（ESG 投資或稱永續投資）。永續發展的概念最早是於 1983 年的 Brundtland Commission（布倫特蘭委員會）提出，而 1987 年於《Our Common Future》（布倫特蘭報告）、聯合國《Report of the World》特別報告中，也正式定義永續發展(Sustainable development)一詞，而永續發展裡最重要的 3 個面向就是 E、S、G，這 3 個重要元素。

一、各國 ESG 發展重點政策

在 2008 年發生金融危機之後，許多人認為執政者的主要目標會放在重建經濟，所以將永續發展的規劃退居其次，而隨著 2020 年上半年 COVID-19 危機對經濟造成全面影響，也讓人們擔心企業永續發展的困境已出現了。

Schneider Electric（施耐德電機）的永續發展副總裁 Gilles Vermot Desroches 卻指出：「事實恰恰相反」，世界各國政府不僅沒有放棄永續發展，反而在刺激經濟的同時也注入了數萬億美元的綠色投資。

未來全球重要國家的 ESG 永續發展：

歐盟：已承諾在未來 7 年內為綠色項目投入近 5,500 億歐元。

美國：拜登總統承諾花費 2 萬億美元應對氣候變化。

中國、日本、韓國：這 3 個亞洲最大的經濟體都做出了實現淨零排放的承諾，其中韓國和日本到 2050 年、中國到 2060 年。

臺灣：永續這個議題不是只看氣候變遷，還有所謂的社會與治理，而關於治理的部分，金管會宣布與各專家學者討論，將以 3 年為期規劃出「公司治理 3.0－永續發展藍圖」，希望帶動企業落實公司治理，提升永續發展並引導投資人及相關利害關係人良性發展與互動，營造一個健全的 ESG 生態體系，強化資本市場之國際競爭力。

ESG（環境、社會、治理）首次出現於 2004 年聯合國發布的「Who Cares Wins」報告中，闡述了企業重視 ESG 對其長期財務表現的影響，並提出以 ESG 作為評估企業經營指標之建議。而聯合國分別在 2000 年和 2015 年通過「千禧年發展目標(MDGs)」和「永續發展目標(SDGs)」，並於聯合國氣候峰會簽訂「巴黎氣候協定」，一連串國際倡議行動逐漸提升 ESG 的關注度。永續會計準則委員會(Sustainability Accounting Standards Board, SASB)的成立，更突顯 ESG 表現對於企業長期績效和價值的重要性，已成為企業與國際對接的重要語言。

二、ESG 的重要性

1. 主管機關和投資人開始意識到財務報告無法充分反應企業的經營現況。以臺灣來說，不論是之前食品安全、廢棄物管理或是公司治理等事件，都造成投資人大量損失以及主管機關管理上的壓力，但上述議題都無法在財務報告中完整呈現，而 ESG 正好能補充這一塊的不足。

2. 企業經營面對各層面的挑戰，早期數位化過程的資訊安全風險、國際持續關注的人權風險，最近幾年被高度重視的氣候變遷風險等等，有別於過往企業相對較重視的市場、業務、財務等風險，一個完整的 ESG 風險管理架構是迫切而且必要的。

3. 市場的改變，除了聯合國和全球品牌大廠的推動和倡導，市場對於 ESG 的重視不斷提升，消費者不再只是購買商品或服務，更是尋求一種認同感，以往購買行為主要是在價格、品質、服務等條件中選擇，現在更關切企業是否有優良的 ESG 管理，以及盡到社會公民的責任。

三、ESG 重點趨勢

ESG 涵蓋範圍廣泛且不斷的有新的議題推出，到底應該關注哪些重點？可以拆解成三個面向進行探討：

（一）E：環境面－氣候變遷下的碳和水管理

在 ESG 三大面向中，又屬環境面的氣候變遷對企業的衝擊最為顯著。自工業革命以來，人類文明高度發展帶來了便利的生活，但也對地球造成了相當程度的危害。世界經濟論壇(World Economic Forum, WEF)於 2021 年發布的報告中指出，未來最可能發生的風險中，「極端氣候風險」已經連續五年蟬聯第一。實體氣候風險，如乾旱、洪水、森林大火等，嚴重衝擊人類生活及企業營運；氣候變遷同時會帶來轉型面的風險，如法規變動、市場改變、新技術需求等、對企業持續營運帶來巨大衝擊。

氣候變遷治理，最重要的議題就是溫室氣體的管理。延續 2015 年的法國巴黎協定，世界各國政府自 2019 年起紛紛提出碳中和(Net Zero)承諾，致力於 2050 年前將人類活動排放至大氣中的溫室氣體淨值降至零。全球領袖氣候峰會上，各國也進一步提出碳中和的具體路徑，多國承諾在 2030 年要達成溫室氣體排放量減半，並開始研擬相關法令。未來 30 年的環境議題，將圍繞在「去碳」(Decarbonization)這個關鍵字上。

水資源也是臺灣的企業不得不關注的 ESG 議題，尤其近幾年缺水的問題更是讓臺灣企業有切身之痛。臺灣被多個境外評比機構認定為高度水資源風險的國家，未來可能有更極端或是更頻繁發生狀況的氣候現象，所以如何打造能因應如此不穩定降雨和水資源供應的韌性企業，就是能在競爭對手中脫穎而出的關鍵。

◎ 公司應有的因應之道－儲水

水資源當為公司資源之重要項目之一，水的來源與氣候變遷將決定是否為高風險，尤其近年來極端氣候的形成酷暑、暴雨、乾旱、冰封等，再再顯示不重視此一問題，將為公司經營、治理形成高度風險，尤其一些需要大量用水的企業有需要提早因應之必要。有業者以太陽能熱能以噴霧方式再將蒸氣冷凝回收製造清水，而氯化鈉（鹽）由於重量較重集中回收之鹵水即是鹽之原料，由於不須以強酸、鹼清洗故無廢水排放問題。故可製造清水又有鹽產品產出，而且以售價而言鹽的收益竟然比清水高一倍以上。

（二）S：社會面－勞動人權之層面的關注以及照顧員工的用心

在社會面向，強調企業營運需要受到不同內外群體的支持，因此企業需要妥善經營供應鏈上下游、員工、客戶及社區之間良好關係，才能確保經營的穩定和永續。以消費性產業為例，社會面向的管理是一個非常微妙的學問，一個錯誤決定影響的不只是企業形象，甚至更會影響到員工的向心力和利害關係人對公司的認同與合作意願，不可不慎。

勞動人權的提升，企業對於建立多樣包容的勞動關係，以及有利員工福祉的勞動條件及環境是重要的任務。以蘋果供應鏈為例，供應商若未重視勞動人權，將可能於供應商名單中被除名。因此企業應儘早進行員工人權的調查與管理，不應只是滿足法令法規，而是向國際標竿企業看齊。另外，因應 COVID-19 疫情的狀況，員工身心健康的維護和照顧也為企業應關注的重點，針對後疫情時代，去實體化和企業轉型的風氣底下，要進行勞動力規劃和前瞻布局。

（三）G：公司治理面－可量化的績效管理模式

近年永續目標的實現，也強調透過各項指標的量化，加以評估、改善與追蹤。歐盟研擬的邊境碳稅制度將依產品碳足跡對進口商品進行課稅；臺灣減碳政策也針對碳議題，預計提出徵收碳費或碳稅的措施。由碳排放量轉化而成的碳風險將會造成公司的財務危機，因為未來將大幅提高公司的營運成本，是企業需積極管理的治理重點。

有越來越多企業將 ESG 評鑑結果納入選取供應廠商的考量，淘汰 ESG 績效無法符合企業永續目標的供應商；同時，開始要求供應商必須配合推動各項 ESG 行動，並將績效透明化管理。在國際趨勢下，將 ESG 績效管理延伸至供應鏈夥伴追求共同提升，才能真正落實 ESG，並為最終的產品或服務創造永續的競爭力。

◎ 對外溝通與揭露

　　綜觀 ESG 揭露表現卓越之企業，近年來更重視永續精神對企業營運的指導及實質貢獻（例如：產品開發、新市場拓展等）。另外，因外資壓力或國際客戶要求，企業自願出版報告書已逐漸成為主流，國際上也有越來越多企業進一步出版 ESG 亮點摘要(ESG Summary)、多種語言的永續官網專區，重點呈現經營績效與永續策略的連結。對利害關係人而言，非財務資訊揭露無疑是除了財務數字外，更加深入了解企業前景的途徑，因此 ESG 不僅是合規需求，企業應盡快跳脫單純揭露現有資訊思維，藉由永續的視角檢視企業韌性、掌握風險與機會、與營運方向互助指引，同時與利害關係人作更好的溝通，才是企業永續經營的硬道理。

◎ 利用生質能發電

　　生質能發電符合永續經營理念，能將生質物資源化與能源化，兼具能源與環保雙重貢獻。企業若能利用生質能來發電，優點如下：

1. 生質能發電利用在轉換過程中在高溫熱裂解時有二氧化碳產生可以冷凝水捕捉再利用。
2. 生質能發電是一種清潔的低碳燃料。
3. 生質能資源分布廣、產量大。
4. 提供農戶進行多樣化能源作物生產，有效改善農村經濟。
5. 製程產品皆可再利用，諸如生物碳、可燃氣、甲醇、二氧化。
6. 可大量處理去化有機廢棄物，如農業、工業、家戶垃圾等。
7. 相較其他新能源發電，其技術難題較少。
8. 可以取代對石油的能源使用，降低對石油依賴度。
9. 相較於其他再生能源發電投資成本較低。

但是生質能也有它的缺點：

1. 植物僅能將少量之太陽能轉化成生物質。

2. 單位土地面積之生質能密度偏低需大量運用土地。

3. 生質能單位質量熱值較低。

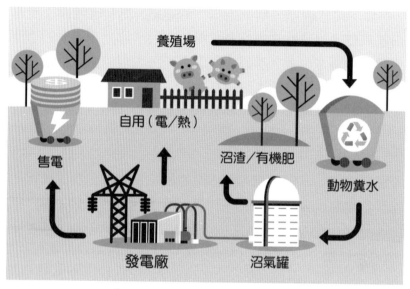

 圖 4-1 生質能發電實例剖析圖

4.2 USR、國際獅子會 300G1 區公益

4.2.1 USR、國際獅子會 300G1 區的公益照片與說明

大學社會責任(USR)－以明新科技大學為例。橫山鄉多個聯合社區義剪活動，就是明新科技大學時尚系的師生來做社區的公益活動，橫山鄉大家長張志弘鄉長親臨現場嘉勉同學們。

　　此活動可做為時尚造型系同學們課堂教學技術的演練機會，也是明新科技大學時尚造型設計系熱心公益的大學社會責任的體現，與社區互動教學相長的模式，拉近年輕學生與社區民眾的距離，達到產學合作的實務教育，也埋下了校園青年獅子會的種子。

🔧 圖 4-2　右張圖，左 2：竹東鎮長張通順朋女士、左 3：許清裕領導獅友、
右 1：潘品睿會長

　　新竹縣竹東會安宮辦理「醫療無國界臺灣巡迴義診」活動。教育學會委員會與 300 G1 區許清裕先生，潘品睿先生與明新科技大學化材系同學共同協助舉辦。也善盡大學社會責任，期望能讓在地居民感受到明新科大師生的關懷及專業的服務。

　　2022 年間，國際獅子會 300G1 區，現任的教育學子委員會陳洸韠主席也與明新科技大學夏一民博士所帶領的「時尚造型與設計系」學生一同做【關懷老人~送愛心】義剪義染活動。

🔧 圖 4-3　國際獅子會 300G1 區教育學子委員會，在明新科技大學協助辦理 2020 年
全國瘋設計時尚大賽，圓滿成功

　　明新科技大學管理學院在一樓講堂也協助舉辦專題演講【企業家第二
代接班】的創新創業與二代接班的成功經驗傳承。生瑋公司黃忠偉總經理
經驗共享，提出了精闢的見解，有助於年輕學子了解企業家第二代接班的
甘苦。

🔧 圖 4-4　左 4 為生瑋企業公司總經理黃忠偉

　　吳坤佶醫師，他是國際獅子會領導獅友、慈濟醫院骨科醫師，他是
300G1 區教育學子委員會主席陳洸艟先生在北醫求學時的大學同學，後來
留學維也納取得醫學博士學位，他在花蓮的獅子會也是中山獅子會，即是
新竹縣中山會黃綉菊會長的連盟獅子會，有苦難的地方就有獅子會的領導
獅友，臺灣國際獅子會 300G1 區劉德芳總監的領導給臺灣帶來了很多的溫
馨的社會服務成果。

🔧 圖 4-5　太魯閣號事故漆黑隧道現場，花蓮縣消防局救護義消大隊長、花蓮慈濟醫院骨科部主治醫師吳坤佶（右）將孩童抱在懷裡安撫，這一幕被救護義消蔡哲文拍下，感動許許多多的民眾

🔧 圖 4-6　吳坤佶醫師(右)與教育學子委員會主席陳洸艟博士(左)

🔧 圖 4-7　上圖右 4 為苗栗縣縣長徐耀昌先生，左 5 為劉德芳總監，左 4 為莊勝強秘書長，左 3 為第二副總監余惠民先生

🔧 圖 4-8 右 4 為黃龍生總監，左 5 為林照東會長（同時也是新竹創新創業學會的會長）

🔧 圖 4-9 左張圖，第一排右 6 為 2022~2023 國際獅子會的臺灣區議長張正忠先生，
第一排右 7 為 300G1 區總監楊壹麟先生

🔧 圖 4-10 左 4 為郭李桂香議長，左 7 為葉其昌總監，左 2 為戴美玉總監，
右 7 為苗栗縣鍾東錦議長

4.3 ESG 的環境保護議題

現行汙水處理技術以好氧處理程序為主，雖能有效降低廢水中汙染量，但處理過程中必須耗用大量能源，用於廢水輸送、曝氣及汙泥脫水等耗能作業程序。以美國為例，估計全國電力能源中約 1.5%電能應用於汙水處理廠，其中曝氣過程之耗能即占用 60%以上。依處理場規模、處理程序及廢水濃度之不同，廢水處理過程需耗用約 0.5~2kW/m³ 電力，但是廢水中有機汙染物事實上也是一種資源。廢水中所含的有機物其能量，高過廢水處理所需能耗之 3~10 倍。若能有效回收應用，不僅足以供應廢水處理所需能耗，還有淨能源產出可以外售。厭氧汙水處理技術為現行應用最為廣泛的有機廢水、廢棄物能源化回收技術，但是沼氣發電機熱能轉換電源效率僅有約 20~40%，且沼氣純化設備操作亦是極度耗能作業，因此目前廢水厭氧處理轉換所產淨能源有限。

微生物燃料電池(microbial fuel cell)是一種能量轉換的裝置，利用產電微生物將儲藏在燃料（有機物）中的化學能經由生物電化學反應，直接轉換成電能。其理論轉換效率約 3.8kW/kg-COD，而厭氧沼氣發電受限於發電機的轉換效率，則約只有 1kW/kg-COD。微生物燃料電池與傳統厭氧處理程序類似，不須耗用大量能源於曝氣，汙泥量少、後續汙泥處理成本低，更能直接產生直流電源。但是微生物燃料電池其電壓低，其開路電壓約 0.6V，如轉換成可應用之電壓 110/220V，其耗損過大。但是水電解產氫的最低電壓限制為 1.23V，因此微生物電化學作用產電，經由超級電容以儲存及提高其電壓，即可進行水電解產氫，進行能源轉換及貯存，因此整合生物電化學及電解產氫，是一項具有良好發展潛力的技術。目前綠氫生產所需電源來自風力或太陽光電，但受限於場域限制，不易進行擴充。整合生物電化學及電解產氫技術，除進行汙水處理之外，直接應用產生電源進行電解產氫，也達到汙染整治及淨零碳產生氫目的，同時沒有場域限制，容易擴充，達到淨零碳產氫目的。

　　微生物燃料電池將汙水中化學能直接轉換成電能，將應用單槽無模式空氣陰極微生物燃料電池，降低設置成本，同時空氣陰極將氧氣透過疏水性薄膜，直接進行氧氣還原，與質子合成水，因此不須外接能源曝氣，同時可於常溫下操作。建立一套微生物燃料電池系統，電力收集裝置，及電解產氫裝置。主要流程及設備如下：

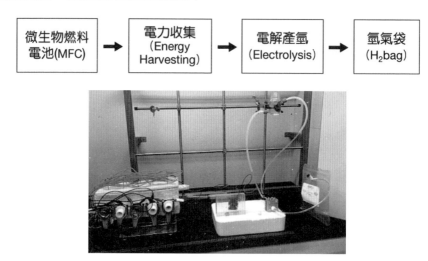

　　微生物燃料電池系統，串聯電解產氫設備，主要執行方式：

1. 設置 3 公升容積之單槽空氣陰極微生物燃料電池，電力蒐集裝置及電解產氫設施。

2. 應用汙水場汙泥，進行產電菌培養。

3. 應用調配培養基驗證產電菌活性及菌種分析。

4. 進行產電效率測試（庫倫效率）。

5. 不同操作條件進行電解產氫測試。

　　微生物燃料電池技術雖已開發 20 年，因電壓及單位產電量低，因此尚無法能源化應用。同時氫氣可被儲存且它是燃料電池的主要燃料，電解水製備氫氣是一項具有潛力來產生潔淨能源的方式。經由生物電化學產生

電力，而且不須如沼氣須經純化手續，可直接進行電解產氫，同時可免除轉換或儲能過程的能耗。可以達到一種具有汙水處理、不須外加電源可直接產氫之一種新能源技術，企業的 ESG 是可以採用的重點。

4.4 生態化乾式廁所

　　一般廁所耗用 20%民生用水及產生 80%汙染量，此為目前廁所廢棄物及造成環境汙染的現況。現有廁所的設施，使用 30 倍自來水將尿液沖離及稀釋，卻未能妥善處理，廁所汙水是造成水源保護區以及河流的主要汙染源。

　　生態化乾式廁所不需用水，無汙染。尿液產電，糞便廢棄物可再堆肥、再利用，符合永續發展及減碳目標、零排放、全循環利用，避免水資源汙染，這是極待推展的重要 ESG 議題。

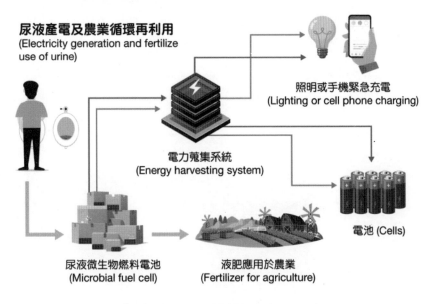

🔧 圖 4-11　廁所廢棄物處理及再利用

廁所廢棄物
零廢棄無汙染

農產品

綠色電力

農業應用

有機肥再利用

🔧 圖 4-12　尿液微生物燃料電池作用原理及系統

　　尿液微生物燃料電池培育及電力收集升壓－應用於照明 3.2V、手機充電 5.5V。生態化乾式廁所－小便斗及糞／尿分離座式便斗，可依現地環境加以企業客製化。

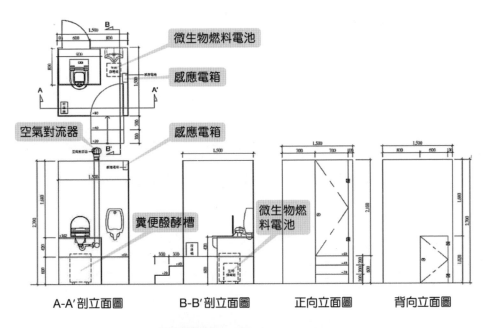

微生物燃料電池

感應電箱

空氣對流器

感應電箱

糞便醱酵槽

微生物燃料電池

A-A'剖立面圖　　B-B'剖立面圖　　正向立面圖　　背向立面圖

🔧 圖 4-13　生態化乾式廁所外觀及內部－

可依環境及場所進行個別設計尿液糞便分離式便器

一、清潔維護作業重點

1. 現場設置使用說明看板。

2. 每週至少一次清潔作業，衛生紙、便器清潔、地板、環境維護、設施妥善狀況。

3. 應用截留雨水作為清潔用途。

4. 木屑不足時，需隨時補充。（需將糞便蓋住）

5. 至少每半年清潔更換 2/3 木屑（或視使用人數調整）。

6. 更換後木屑可作堆肥化處理。

二、預期效益

1. 建造適合國人習慣、舒適，整潔及環保之乾式生態化廁所。

2. 節水及保護水資源，避免汙染。

3. 資源回收再利用。

4. 成為全國第一，環保教育設施。

5. 有機農業，永續發展。

6. 降低碳排，成為低碳社區。

4.5 科技醫療產業與 ESG

　　醫療相關產業，須注重有組織內部的人員與正向能量的匯集，醫療產業具有專業特性，人力資源穩定是十分重要的，需有充足完整的人力資源，對於患者的照護才能夠有優良的照護品質。管理層面上，醫療產業應首重人才培養，雇用員工的條件要明確與專業化，並強化醫療組織內部正向的能量。

醫療行業有其行業特殊性，需要整合公私部門領域的資源。醫療業可以採取的動作，就是引入數位科技，把醫療服務推展到偏鄉的民眾，強化醫療體系負擔能力等等。

　　精準健康產業與再生能源產業是重點的管理方向，ESG 的投資項目已與企業的發展越不可分割，唯有永續發展的經營，才是企業的經營之王道。

　　業者可以將購電步驟拆開，可以分成幾個階段來達到，可以先從盤點目前該企業用電資料與熟悉再生能源的幾個發展方向開始，接觸績優的綠能供應商、評估綠電的可行性再來加以採用。

　　其實應該這麼說的，ESG 是企業應該要實踐的項目，謹慎選擇企業所關注的議題，兼顧未來的趨勢，做到行善又能獲取利潤的雙贏走向。

MEMO

編著・謝金源

05
CHAPTER

工程倫理個案

Engineering
Ethics

本章導讀

　　藉由天線工程公司的案例，從設計、製作到裝設過程，造成了意外傷害，這個天線塔的崩塌個案引起了工程師是否應確保工程無傷害的倫理責任議題。

延伸閱讀：

1. 挑戰者號太空梭的意外事件

2. 太頓(Teton Dam)水壩崩塌案

3. 阿里山小火車出軌案

（電視天線塔崩塌──社會責任對法律責任）

　　本個案是 1982 年發生在美國的真實事件，在此用以提供同學討論工程倫理的重要課題。藉著對本事件的討論，希望同學能明瞭一旦身為工程師，對自身的專業作為該負的法律責任、社會責任、乃至道德責任。簡單講，工程師永遠須以公眾安全與福利為最優先的考慮。畢竟，因公眾繳稅，工程師才有接受專業教育的機會。工程師因而對其所有的設計成果需擔負保護公眾安全與福利的責任，以做為回報。本文除了詳細描述事件始末外，還加入了事件相關當事人之間在事件發生前的對話，以增加其可讀性。透過這些對話，讀者將更明白當事人當時決策的考慮點，而其對錯是我們要討論的重點。希望同學藉著對本個案的討論學習到往後若身處類似處境時，能做出符合工程倫理的正確決策。另外，本文是取材自德州農工大學的工程倫理教育網站上的案例 (http://ethics.tamu.edu/wp-content/uploads/sites/7/2017/04/TVAntennaCollapse.pdf)，網站上附有相關的 pdf 文字檔與照片做為輔助教材，有興趣的同學可從該網站下載閱讀。

5.1 個案簡介

　　本個案是一個真實事件。但為了可能引發爭訟，事件中相關當事人與公司之名稱因而姑且變更之。另外，雖然本個案所出現的對話與備忘錄是事件中的實際證據，它們仍應被視為一般道理，適用於描述類似之假想問題而非僅被用以重演這次實際發生的事件。

　　1982 年，某電視台之錄影小組正拍攝該台新天線塔的興建過程。該天線塔是由甲公司負責興建的設計，並由當地一家乙公司承包組裝與興蓋。在初始設計階段，甲公司提交天線設計計畫給乙公司確認。而乙公司也認可了該計畫所提舉吊天線之絞車支架的配置。這些支架的配置可提供搬運天線組件離開載運卡車之吊索的附著點，並且將天線組件吊上 1,000 呎高的塔台做最後的組裝。一組有興建類似高塔經驗的乙公司工作人員已在當地準備就緒。該小組利用裝在已搭建好之塔台部分的垂直吊車來吊塔台尚未組裝的部分，最後再把天線的兩大組件吊上塔頂。塔台的設計為三腳支撐型塔(three-legged tower)。每當塔台的組件一次一件被吊到定位後即用螺栓鎖定在已搭建好的塔台部分。塔台的支撐腳是由 8 吋直徑的實心鋼條元件構成。塔的各部零件重約 10,000 磅長約 40 呎。這些零件被吊到約 1,000 呎的高處時並沒有發生意外。

　　天線的最終兩大組件被吊到定位並照計畫組裝完成，直到最後一件天線組件準備被吊定位時，事件發生了。該天線組件與其他組件不同，因其側邊附有一些密封的微波簍。絞車支架的配置雖能讓該天線組件被水平吊離載運卡車，但當該組件被轉成垂直位置要垂直往上吊時，微波簍卻與吊索干涉。於是乙公司的工作人員對絞車支架做了權宜之延伸部分以利該天線之最後的組件能被垂直往上吊。不幸地，在拍攝當天，當該天線之最後組件正被垂直往上吊時，發生了差錯。用來鎖定絞車支架之權宜延伸部的螺栓毀損而造成了悲劇。幾名乙公司人員由 1,000 呎高處跌落地面死亡。

攝影機拍攝到這場災難，使得調查人員得以透過影片的連續鏡頭發現天線塔的崩塌從何處開始，以及這個事件發生的原因。這個天線塔崩塌個案引發了關於設計工程師須確保工地安全的社會責任的嚴肅問題，並且也同時引發了關於產品責任的工程與倫理課題。

由這個事件所引發的工程倫理問題包括這個失敗設計的社會責任對法律責任問題、這個設計應用的相關問題、以及其責任與疏失的課題。這個個案討論雖然對所有工程科系的學生均有價值，但特別適用於靜力學、建造工程學以及結構學等課程。

5.2 個案發表的指導方針

1. 在課堂討論前先放映投影片。然後要學生準備在課堂上討論技術與倫理問題。

2. 討論過程中，先提出要點 A~D，其分別為：相關當事人的角色與問題提問、乙公司認為正確的模型、乙公司應採用的設計模型、以及支架的自由體圖與乙公司人員的解釋。

3. 最後討論要點 E，天線塔的崩塌：個案的倫理問題。其所討論的倫理問題點如下：

   (1) 甲公司的責任在何處終了？乙公司的責任在何處開始？甲公司在他們的原始設計中應該提供適用的吊車支架設計嗎？

   (2) 乙公司應更小心查看原始設計嗎？

   (3) 甲公司應准許乙公司先拆除微波簍嗎？

   (4) 乙公司人員是否可只採行自己的設計而不用再徵詢其他工程師？若有徵詢其他工程師則他們的責任為何？

(5) 甲公司應否推薦其他之徵詢工程師來協助乙公司？他們應否先知會專業的學會？甲公司對整個計劃袖手旁觀而不嘗試去幫乙公司找出解決方案是否合乎工程倫理？事件發生前，他們還有其他方式可採行去協助乙公司以避免後來之法律糾葛？

(6) 是否甲公司有拒絕審查新的舉吊設計？

(7) 當社會責任先於法律責任時，則當然甲公司原先還有很多事情該做。請問在類似情形下你會做什麼？

 ## 5.3 建議的討論要點

1. 相關當事人的角色與問題提問。

2. 乙公司認為正確的模型。

3. 乙公司應採用的設計模型。

4. 支架的自由體圖與乙公司人員的解釋。

5. 天線塔的崩塌：個案的倫理問題。

 ## 5.4 相關當事人的角色

- 甲公司－設計興建天線塔。

- 威廉（比爾）‧哈里斯－總裁。哈里斯向喬丹建議認為在法律責任的問題上，甲公司跟乙公司的天線塔舉吊事件沒有牽扯。

- 哈利・喬丹－工程部門主管。喬丹告訴乙公司人員說他們不能授權拆除微波簍，並說從乙公司接受了他們的興建計畫後，他們即無須擔負責任。

- 乙公司－承包組裝天線。

- 法蘭克・凱區－總裁。

- 蘭多・波特－副總裁。打第一通電話到甲公司詳細說明乙公司正遭遇天線最後組件上微波簍的問題。

- 鮑伯・彼得斯－舉吊作業工頭。在崩塌事件中死亡的工作人員之一。

- 凱文・洽普－吊索操作員。在大禍發生前曾與彼得斯交談，詢問操作的安全性。

面臨的問題

因為甲公司提供的支架設計會與微波簍干涉，所以乙公司無法舉吊天線的最後部分。而甲公司也拒絕允許乙公司人員先拆下微波簍然後在舉吊作業完成後再重新組裝的要求。

5.5　天線舉吊的力學分析　

1. 乙公司人員認為正確的模型（圖 5-1）

螺栓應力＝天線重量／2×螺栓的截面積

2. 乙公司人員應採用的模型（圖 5-2）

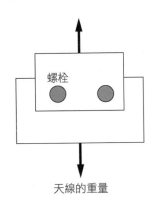

螺栓應力＝天線重量／2×螺栓的截面積

🔧 圖 5-1　乙公司認為正確的模型

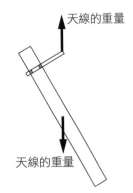

🔧 圖 5-2　乙公司應採用的模型

3. 乙公司人員解式的分析

　　假設天線在懸吊時傾角相對小，而實際上也是如此，兩螺栓相距 1 呎，以及支撐通道約 6 呎長，則螺栓的負荷除了直接算出之剪應力外，尚須加上由於通道長度所致之力矩所造成的負荷，因此：

作用在左邊螺栓上之合力矩＝天線重量×6 呎－加諸右邊螺栓之力×1 呎 ＝0。

　　因此，加諸右邊螺栓之力＝6×天線重量。

　　此力再加上直接計算所得之 1×天線重量，則右邊螺栓承受之總負荷為 7×天線重量。從而，每個螺栓內之應力為：

　　應力＝（7×天線重量）／螺栓截面積

　　換言之，螺栓實際之應力為原先乙公司人員所想像的 7 倍。

5.6 本例的倫理課題討論要點

1. 甲公司的責任在何處終了？乙公司的責任在何處開始？甲公司在他們的原始設計中應該提供適用的吊車支架設計嗎？

2. 乙公司應更小心查看原始設計嗎？

3. 甲公司應准許乙公司先拆除微波簍嗎？

4. 乙公司人員是否可只採行自己的設計而不用再徵詢其他工程師？若有徵詢其他工程師則他們的責任為何？

5. 甲公司應否推薦其他之徵詢工程師來協助利格斯？他們應否先知會專業的學會？甲公司對整個計畫袖手旁觀而不嘗試幫乙公司找出解決方案是否合乎工程倫理？事件發生前，他們還有其他方式可採行去協助乙公司以避免後來之法律糾葛？

6. 是否甲公司有拒絕審查新的舉吊設計？

7. 當社會責任先於法律責任時，則當然甲公司原先還有很多事情該做。請問在類似情形下你會做什麼？

5.7 團隊設計的分析

　　1982 年，一組天線由甲公司（當地的一家中型公司）設計興建。乙公司（當地的一家小型公司）則承包搭蓋與組裝這個天線。在初始設計階段，甲公司提交天線設計計畫給乙公司確認。而乙公司也認可了該計畫所提用以舉吊天線之絞車支架的配置。這些支架的配置可提供搬運天線組件離開載運卡車之吊索的附著點，並且將天線組件吊上高空做最後的組裝。

1982 年 11 月 18 日，乙公司打電話給甲公司問他們是否接受先移除位於塔身最上方 100 呎部位的微波簍，以利舉吊作業，待天線的最後部件就位時再組裝回去。

甲公司答覆乙公司說拆除微波簍可能會無法確保工程完善。因為在他們前面的工程中曾同意拆除微波簍但後來卻沒能再妥善地裝回。甲公司負有將問題導正的責任，而這個錯誤後來也讓他們付出大筆金錢的代價。以下是乙公司副總裁蘭多·波特與甲公司工程部主管哈利·喬丹之間在電話上的對話：

波特：哈利，我是蘭多·波特。我們在塔 17 碰到了問題。

喬丹：怎麼會？

波特：嗯，目前一切都很順利，但天線最上面部件吊耳的位置卻使我們無法將它往上吊而不會去撞到微波簍。

喬丹：嗯，但我們有將它們訂在設計的規格中。好像它們就設計在微波簍之間吧，不是嗎？

波特：是的，在將它吊離卡車那是可以的，但要把它吊到前一部件上方時必須將它垂直往上吊。

喬丹：那麼，你有什麼建議？從你們接受這個設計後，我們就已經完全授權給你們，我們已經跟天線後續的興建沒有關聯了。我們完全放手讓你們的人馬將天線弄上高空去。並不是我們能幫忙而不幫忙，而是你和你的人馬整年每天都從事蓋塔的工作。我們不想從現在開始涉入這個範疇。

波特：是，我瞭解。但我們實在沒有工程師能重新設計那些小吊耳並讓他們設計在適當位置使得工程能順利進行。所以我們才簡單地想先將微波簍拆除來將天線吊上去鎖定。我們會在將它們吊上去後再重裝。這應該沒問題，我們只是想跟你們先確認一下。

喬丹：我不知道耶，蘭多。我們去年曾答應某家公司去拆除微波簍。你一定不相信鳥類能對那些暴露的微波導線做出什麼事。我們花了六個月的時間及一筆經費去清除鳥巢、鼠窩，以及砂石等一些你能叫出名字的東西。這就是你為什麼會拿到有安裝密封著微波簍的天線部件的原因。

波特：我們會完全負責不讓那些情事發生。你可以放手讓我們拆除它們，我們會妥善保護它們直到它們被重新安裝回去。我們現在必須搞定這件事，因為按照時程那件天線部件明天必須吊上去組裝，但我們並沒有接受到任何如何去完成這件事的提示。

喬丹：那麼讓我去跟比爾談，但我現在就能告訴你，他一定不爽拆除密封的微波簍。那時該怎麼辦？

波特：我們很忙－下個星期在路易斯安那還有一項新的工作，所以我們趕在 17 日前須完成目前的工程。聽好，這件事確定後回電給我，OK？

喬丹：我馬上去問，蘭多。再見。

波特：再見。

　　在乙公司要求甲公司協助如何在不拆除微波簍的情形下吊上天線後，甲公司僅回覆說他們只負責設計興蓋天線塔，組裝與興建作業則由乙公司負責。在結束與波特的通話後，喬丹擬了一份備忘錄給公司的總裁威廉‧哈里斯：

　　辦公室備忘錄，11 月 18 日：比爾，乙公司說現有吊耳的設計除了能用來將天線上部搬離卡車外，不能再做其他事。如果要把天線轉成垂直來吊上去栓鎖，則現有吊耳位置將導致吊索去碰撞到微波簍。他們因而要求先將微波簍拆除，待天線吊上去就定位後再裝回。你的意下如何？

　　哈里斯的回覆出現在 11 月 19 日與喬丹的對話。

哈里斯：早，哈利。我昨晚從坦帕回來有收到你的留言。我很驚訝他們打電話給你時你沒直接了當說「不可能」。

喬　　丹：是，我知道他們的請求會讓你不快，但他們真的有了麻煩，我想應該最好還是由你決定。

哈里斯：聽好，夥伴。你我在上次的工程中才因為一些小丑對那些微波簍亂搞而損失了 25 萬美金。為什麼？就為了一隻死老鼠跟一些鳥糞！我的意思是這種垃圾弄亂了我們的微波導線，而那些傢伙除了能把自己搞得一團亂以外完全不能信任。現在他們明知他們簽的合約載明不能去動到那些微波簍，因為只要他們一動到就無法保證完善地完工。如果你認為他們也有 25 萬元去解決造成的麻煩，那你就可以有其他的想法。答案是不行。否則就會跟上回一樣上法院。你知道的。

喬　　丹：那麼，是否重新設計整個支架的配置，讓他們可以對其作延伸到微波簍外。

哈里斯：就讓他們自己設計，如何？我告訴你，哈利。我真的不想介入他們該做的事情。他們已經有蓋上百座這類塔台的經驗，他們說他們是這方面的專家，就讓他們自己搞定吧。那是他們拿錢就該做的事。相信我，如果這個天線沒有了我們堅持要有的護罩，他們一定不會幫我們再重新設計過。我真的不想你我去涉入他們的專業領域而教他們如何將它吊上去。你想負法律責任嗎？如果那個東西會掉下來，而我們又曾教他們怎麼去吊它，或做任何設計變更－即使那跟我們的設計無關－你可以確定我們將馬上身陷法院的爭戰中。不行。他們是蓋塔的專家，就讓他們去蓋吧。

喬　　丹：你或許對吧。這趟去佛羅里達的旅行如何？

　　於是，雖然有要求甲公司審查他們的計畫，乙公司卻沒有徵詢任何一位工程師就弄了自己的解決方法。甲公司拒絕乙公司的審查要求，只因為如果他們對這個變更設計的計劃有任何意見的話，就一樣要對這件麻煩事負起責任。11 月 20 日，乙公司的總裁法蘭克‧凱區與副總裁蘭多‧波特有以下的對話：

波特： 法蘭克，甲公司的哈利有回電關於天線上部的吊耳問題，他們完全不想參與這件事。他們擔心一旦我們拆除微波簍，一些垃圾會跑進去而弄壞整組天線。他們說如果我們這樣做就無法保證工程的完善。他們對於重新設計吊車支架的事也愛莫能助。

凱區： 我就怕會這樣。實在也不能怪他們。他們只想坐在辦公室裡，讓我們完全負責搞定外面的事。我想那就是他們付錢給我們的原因。無論如何，現在要怎麼做？

波特： 是，我想可以在兩個支撐腳之間再架一個通道，然後把它用 U 型螺栓鎖在天線上。這個通道能夠將吊索撐得夠遠與微波簍脫離。這個天線部件重約一千磅，而每個 U 型螺栓可承受一千兩百磅，所以如果我們用兩個螺栓就應該 OK 了。

凱區： 我希望如此。你手頭有所有你需要的東西了嗎？

波特： 夠用了。如果真的不夠，在當地也不難找到。

凱區： OK。下個在路易斯安那的工程要用的東西都準備妥當了嗎？

波特： 一切就緒…。

　　乙公司於是用數個 U 型螺栓將一長通道附加到天線部件上。當吊索擺在這個附加的鋼鐵元件一端就可以將天線部件垂直往上舉吊，而不會與微波簍干涉到。他們認為所使用的螺栓強度是適當的，並且滿足安全係數，但他們不知道這個附加上去的鐵製元件同時也增加了很大的力矩，會轉而讓螺栓來承擔。圖 5-1 所示即為乙公司認為正確的模型，而圖 5-2 所示的才是應該被採用的正確模型。

　　在圖 5-1 中，螺栓內的剪應力為天線重／（2×螺栓截面積）。圖 5-2 則顯示適當的分析，其包含了增加對左手邊螺栓中心所做的力矩。由力矩平衡方程可決定施加在每一螺栓的力。將每一螺栓的受力除以螺栓之截面積即得到螺栓所承受的剪應力。

　　以下為僅在事故發生的數小時前，乙公司的吊索操作員凱文・洽普與舉吊作業工頭鮑伯・彼得斯在事發現場的對話。

洽　普：那麼，最後的決定是什麼？

彼得斯：看來風勢在極限以下，所以我們決定上去。雖然會有霧，當在上面看不到地面時，這些無線電會是救命的物品。

洽　普：我從未在無線電前說過話，所以我不知道。在我的時代以前沒有無線電，你如何能收到下面的指令？

彼得斯：一直叫喊啊，但它們也從沒能傳到那麼高的地方過。

洽　普：喔，怎知上頭會發生什麼事！我一點都不會羨慕你能在上頭。我會嚇死了。你曾經讓任何一個這些東西掉下來過嗎？

彼得斯：我曾經有些親近的朋友從一處這樣的高塔掉下來過，就在附近，那時正在舉吊重物時，他們讓一陣暴風吹落了，大概就這樣。那不是因為多出的高度導致。當你從 100 呎高跟從 1,000 呎高掉下來同樣都會死亡。

洽　普：昨晚有一些傢伙在開玩笑說如果他們在高塔上，在它倒下時到底該解開安全帶往下跳或是一樣還讓安全帶綁在塔身。

彼得斯：難倒我了。但 OSHA 應該會對你開罰，如果你沒綁著安全帶的話。

洽　普：準備好了要去下一個工地？

彼得斯：是啊。我已將我的狗放在車上，旅館也買單了，東西都放在車上，一切都準備好了。

洽　普：確是，但當我們正在忙碌時，他就出現在背後了。電視台的拍攝人員來了。他幾乎每天這個時候就會準時出現來攝影。那是在幹嘛？

彼得斯： 我想他們是在持續記錄塔的興蓋過程把它呈現在新聞節目上。像
　　　　 紀錄片一樣。

洽　普： 今天有哪些人要上去？

彼得斯： 需要 4 個人－其中兩個要在天線部件上來保持它能在吊運路線
　　　　 上，另兩個則在塔上準備接收它。我們大概在今天下午 2 點或 3
　　　　 點就能完成作業，然後晚上就要去下個工作。

　　　　但他們沒能到下一個工作去。當舉吊天線時，螺栓損壞了，以致整組
天線災難性地崩塌了。在事件中，所有四位人員，加上另一名在場的乙公
司員工都失去性命。當他們找到螺栓去做測試後，發現螺栓的剪應力強度
僅達應有強度的一半。因此，甲公司苦於金錢的損失而控告了螺栓的製造
廠。事件發生前一年，這家螺栓製造廠才因不合格的螺栓而聲名狼藉。它
們因為不想再添麻煩，所以在庭外和解，而官司也就結束了。

　　　　大眾越來越明白工業發展的利益必須用他們越益關切的事項來衡
量，那就是要保護大眾不被工業技術的產物與副產物所傷害。自然地，這
種日益蓬勃的、增大的公眾辯論置工程師於產品安全的中心與社會責任對
法律責任的糾紛中。如是，這個個案引發了工程公司有關社會責任對法律
責任的問題。有哪些替代方案能被採用，讓那 5 個乙公司員工不致失去他
們的生命？

5.8 個案的倫理課題—討論與說明

工程專家與公眾之間的倫理責任如何從到這個天線塔崩塌的個案學習教訓？

乍看之下，似乎乙公司要為設計並應用新的支架架構使得 5 名員工喪命而負責。但當工程師測試更快速、更重負荷、更大效能等諸如此類的設計時，必須記得有保障公眾福利的社會義務。畢竟，公眾透過納稅提供工程師接受教育的機會，也經由立法來許可與規範大家的行為。工程師因而在所有的設計成果中需擔負保護公眾安全與福利的責任，以做為回報。這是所有工程師在接受允許進入工程學院時都認可的隱性的社會合同的一部分。

這家設計公司的工程師們都知道他們須提供適當的舉吊天線最後部件的支架，而他們也做到了；然而，這組支架只足夠用以將天線吊離載運的卡車在將之擺放在地上。由於這些支架相對於微波簍的配置，它們在舉吊天線上 1,000 呎高空上，卻無用武之地。大家可能辯說這個支架的設計本來就不適當。另一方面，在興蓋天線塔前，甲公司有將天線設計計畫展示給乙公司。當乙公司在審閱設計時，本就應該注意到支架的配置有瑕疵。但，乙公司的員工並不像天線工程公司的工程師有這方面的專業。他們僅是有技能的工人罷了，不是專業的工程師。在這個密蘇里城的災難前，他們已經興蓋了 30 座類似的高塔。

在天線被運送抵達蓋塔地點後，乙公司希望甲公司允許他們先拆除微波簍，使得天線最後部件能用現有的支架配置舉吊。乙公司承諾待天線舉吊就定位後即將它們原封不動地裝回。甲公司斷然地拒絕了這項提議。他們列舉了以前幾家索具公司曾在舉吊作業時毀損了他們的天線簍，害他們損失不少錢自行善後。他們說明一旦微波簍拆除後即無法保證工程的完

善。這個天線部件必須在微波簍原封不動的情形下舉吊。甲公司並進一步說適當的舉吊支架和天線部件的舉吊都是乙公司的責任。這類責任的歸屬當然屬於契約的承諾問題。要決定法律責任，就必須用放大鏡來檢閱合約。

不幸地，故事並未就此結束。乙公司只是一家小型的當地公司，沒有雇用任何工程師在那裡工作。就像已經說過的，他們想出了一個不適當的設計。鑑於他們的能耐，他們的確有找甲公司的總工程師，尋求他對他們設計的舉吊架構的看法。這位工程師拒絕同意，甚至不願審查這個設計。經過詢問公司的總執行官後，這位工程師決定隨便敷衍這家被認為如果發生任何差錯要負責任的乙公司。因此，他們保持沉默，不回應乙公司求助的要求。

甲公司的保持沉默以規避法律責任有其道德問題。在〈有害的行為的專業責任〉這篇文章中，馬丁・柯德與賴利・梅伊建議以下的這個經過粗略的疏忽模型假設後專業責任的簡化認定方式：

專業責任的失職模式

專業人員 S，因其疏忽而對他或她所造成的傷害須負起責任，如果他或她的行為符合下列情形：

1. 身為他或她所屬專業團體的一員，S 有義務確認他或她專業的標準作業程序。

2. 在時間 t，行動 X 符合 S 專業的標準作業程序。

3. S 在時間 t 疏忽了行動 X。

4. 由於 S 無法做到行動 X 而對某人，P，造成傷害；也就是，如果 S 有做行動 X，則對 P 的傷害不會發生。

在這個個案中，有沒有任何情事違反了這個模式？如果沒有，是否表示這個模式是不適當的？假設當地醫院裡有一位患有某種疾病的病患，其醫生自認對那個疾病的瞭解不夠。於是醫生去找其同僚尋求建議。他們都

拒絕告訴他，推說因為那個病人不是他們的，可能發生醫療過失導致的責任與保險的問題。在這種情形下，他們並不相信州的「好心人」法條能保護他們。這是否表示這位病患必須再找其他的專家醫生來保護他自己？如果這位病患並不知道其醫生被拒絕合作這件事也未被告知該怎麼辦？當然，在災禍中死亡的那 5 名員工永遠沒有機會選擇另覓其他的專業工程師來確認乙公司的設計。

最後，如果我們假設甲公司的總工程師與總裁有真的意識到這個潛在的災禍，且有想要去預防它（更像的情形是他們只希望有最好的情事發生並期待每件事情能變為 OK），如果可以的話，什麼是他們能對這種狀況採取什麼行動而不先去想他們公司的責任問題？例如一件事，他們可以去電乙公司總裁，敦促他聘用諮商工程師來協助審查乙公司的吊車支架的設計。另外可能做的則是，甲公司自己聘請一個第三者的工程公司來分析吊車支架的設計並直接向乙公司報告。這幾種劇情的責任問題縱使仍不清楚，但至少乙公司那 5 位員工可能現在還能活著。那麼，甲公司的責任是什麼？其他還有什麼是甲公司能做來協助乙公司，縱使其可能會有法律責任？

考慮以下的問題：

1. 甲公司的責任在何處終了？乙公司的責任在何處開始？甲公司在他們的原始設計中應該提供適用的吊車支架設計嗎？

2. 乙公司應更小心查看原始設計嗎？

3. 甲公司應准許乙公司先拆除微波簍嗎？

4. 乙公司人員是否可只採行自己的設計而不用再徵詢其他工程師？若有徵詢其他工程師，則他們的責任為何？

5. 甲公司應否推薦其他之徵詢工程師來協助乙公司？他們應否先知會專業的學會？ 甲公司對整個計劃袖手旁觀而不嘗試幫乙公司找出解決

方案是否合乎工程倫理？事件發生前，他們還有其他方式可採行去協助乙公司以避免後來之法律糾葛？

6. 是否甲公司有拒絕審查新的舉吊設計？

如果社會責任先於法律責任，則必然甲公司還有其他事情應該做的。在類似情況下你會做什麼？我們必須記得設計的實施是被未受專業教育的人所完成的。他們是有技術的工人，其專長是經驗累積來的。我們可以想像，他們不會尋求最佳的解決方案，並且他們不知他們的所知不足。但是工程師知道乙公司的雇員並沒有所需的技術知識。所以為什麼甲公司不去幫忙呢？

甲公司的道德與專業地位頂多像處在搖晃的地面上。乙公司的地位也是些微可議的，因為他們做了他們不夠資格去從事的事。事件的結尾，甲公司不理會他們的社會責任且從法律責任脫鉤了。但他們的作為合倫理嗎？這是必須要問的問題。

編著・張祖華

06
CHAPTER

工程師議題管理

Engineering
Ethics

議題管理，工程在進行中，面臨突發的意外狀況如何避免造成傷害的擴大。

　　本章的重點，在於教導工程師認識：

1. 議題管理的重要性
2. 議題管理的方式
3. 議題管理與危機管理

 6.1　議題管理

　　企業組織的行為與民眾的期望二者間存在著「差異」，由於社會價值觀與企業運作發生衝突時所產生之差異。當落差大時與落差小時，民眾對該組織的支持度亦有差異。此即所謂的「議題管理」。

　　針對議題管理的涵意及功能為「定位議題及趨勢，評估其影響性及設定優先順序，建立公司的立場，規劃公司的行動及對策（如溝通、遊說、打官司及廣告等），並執行計畫」。其中又以「溝通」為議題管理的核心 (Heath, 1997)。

一、議題管理的重要性

1. 議題管理存在的必要

　　議題管理為何需要存在？有以下四大要點：

(1) 不要頭痛醫頭，腳痛醫腳。（發現問題立即解決）

(2) 當問題萌芽時，要即刻解決。

(3) 道德與法律要緊密結合。

(4) 公共議題的管理要與民意結合。

2. 議題管理的功能

議題管理有一項很重要的功能，就是協助工程師在策略規劃時，將公共議題和公共政策的內容納入該公司的策略與分析之考量。

議題管理應具有以下六點的重要性：

(1) 企業優勢。　　(2)避免錯誤。　　(3)議題因應。

(4) 企業改變。　　(5)降低傷害。　　(6)企業信任。

較完整的議題管理功能要做到以下四大項：

(1) 議題傳播的適當性。

(2) 議題趨勢與估算的準確性。

(3) 實踐工程師與企業的責任。

(4) 做出妥善的企業決策。

二、議題管理的方式

一般來說，分為傳統管理法與策略管理法二種。

1. 傳統管理法

傳統管理法又可分為：

(1) 公共議題。

(2) 企業趨勢。

(3) 社會環境議題。

2. 策略管理法

策略管理法又可分為：

(1) 高層管理部門的職責。

(2) 重要性提高。

(3) 工程師對公司策略計畫的主導性。

三、議題管理的流程

1. 工程師需確認重要議題

　　問題確認要不斷地收集各種相關的資訊，例如：報紙、雜誌、專門刊物和網路資訊，整理出問題重點。蒐集的資訊整理成可供內部運用的決策參考。

2. 議題管理的處理流程

確認問題與分析問題
（P計劃→D→執行C→檢查A→標準化）

重要處理方針的排序
甘特圖(時間計畫表)

問題的落實與考核

再次確認

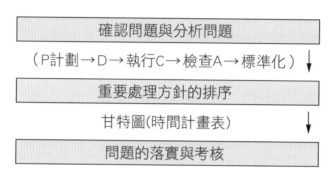

QC手法認證未達標PDCA

問題描述與要因分析

What：依規定2職等已上一年內需取得
　　　 QC手法認證，但實績是95%
why-1：上課區間較長
why-2：夜班同仁占多數
why-3：考試未通過

改善對策與實施：

1. 開課前一個月，通知主管未訓名單，已利現場人員安排調度
2. 協調主管安排人員調班
3. 協調領班輔導同仁考試

再對策或標準化：

1. 依年度課程開辦計畫，提早安排人員受訓。
2. 已將課程下次開課日期通知未訓單位，請主管安排未訓人員受訓

效果確認：

1. 考試未通過同仁已個別通知主管輔導，將於 W42 再次安排考試
2. 新竹區下次開課日期為11/20~12/2，目前確定可派訓人員為 8位

3. 問題分析

(1) 有哪些利害關係人？

(2) 哪些議題具有影響力？

(3) 持續的關注這些議題。

(4) 追根溯源，瞭解問題存在歷史的回顧。

(5) 對現在與未來的持續影響。

4. 問題排序與回應

5. 議題的評估、監測與控制

四、議題管理與危機處理的整合

偶然發生的危機，工程師如果處理不善，亦可能演變成複雜的議題，所以工程師在因應議題時，最重要的精神就是預防危機的發生。

並不是所有的危機經過仔細的計畫與預防工作後都可以避免發生，但是，經過有效的議題管理處理後，許多危機是可以被處理掉的。

6.2 危機處理

一、危機的種類

危機發生的原因，有以下三個可能：

1. 大自然的意外或科技災害所造成之危機。

2. 社會議題或政治議題所衍生之危機。

3. 決策階程與行政管理誤判所造成之危機。

二、危機的類型

危機的類型有以下三類：

1. 經濟與資訊的危機。

2. 人力資源與企業名譽的危機。

3. 天然災害與意外風險管理的危機。

議題管理要求瞭解的是變化中的問題組合、議題管理過程及議題管理之推行。議題管理可對危機理產生啟發的作用。相關於危機管理衍生的實際運作將在本書的第七章加以探討。

編著・林賢春、吳烘森

07
CHAPTER

危機管理

本章大綱

Engineering
Ethics

本章導讀

　　危機管理在工程的實務運作方面重點為：

1. 危機管理運作要點

2. 危機的預防

3. 工程危機管理的實務運作

　　如何處理危機，而不被危機所處理，是本章的精髓。

7.1 何謂危機？

一、危機的意義

　　危機(crisis)在韋氏大字典的定義是：「一件事的轉機與惡化的分水嶺」，又可解釋成「生死存亡關頭」、「決定性的一刻」和「關鍵的剎那」。危機有可能轉好也可能轉壞，也有可能惡化；組織正處於轉好轉壞的決定時刻(decisive moment)或關鍵時刻(criticial time)。簡單來說，危機即是組織處於急迫的狀況下，足以影響正常運作的一種情境或事件。

二、危機的特性

　　危機有：1.階段性，須立即處置；2.有急迫性；3.有威脅性；4.有突發性；5.有持續性；6.有不確定性；7.所受傷害甚至導致組織解體，有其負面結果性；8.危機隱含著「危機」、「機會」雙層結果，有其雙面效果性，正所謂危機，即為轉機。

三、危機的成因

　　能使組織產生危機的外在環境因素，例如：國際情勢的變遷、勞工意識的抬頭、大眾傳播媒體的壓力、不法分子的破壞；內在環境因素，例如：組織文化、管理特質、人員因素、科技文明、組織結構；除上述內、外環境因素外，還有人為因素、政治因素、經濟因素、…等等，涉及層面暨深且廣，不能僅就直接原因來從事危機分析，而應以整體組織層面來剖析。

四、危機的類型

　　危機的成因相當複雜，其類型也相當複雜。為方便瞭解、預防及管理危機，須使用不同的分類標準將危機加以歸類，例如 Mitroff(1986)依危機形成的原因及發生的具體事件做為分類的依據，並繪製成危機的靜態分類圖（如圖 7-1 所示）。危機的分類有助於組織對於複雜的危機能進一步的瞭解，並據以擬訂管理的計畫及策略。

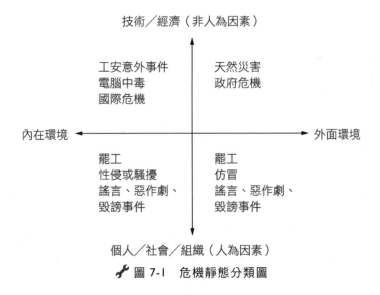

圖 7-1　危機靜態分類圖

7.2 何謂危機管理？

一、危機管理的意義

　　「危機管理」即指組織在一種不確定的情境下，即將影響組織的正常運作，並可能危及組織內成員生存，而所採取的緊急因應策略。

二、危機管理的階段

　　危機管理為組織對危機所採取的一套連續性的管理措施或緊急因應策略，而危機的發生及管理有其階段性，及各階段應重視的處理事項。可分為三大階段：

1. 危機發生前的計畫與演練。
2. 危機爆發時的控制與處置。
3. 危機解除後的評估與復原。

三、危機管理的任務

　　危機管理的主要任務包括：

1. **危機發生前**：先策訂周全的計畫和充分的準備，並按既定計畫加強模擬演練。
2. **危機爆發時**：適時運用危機處理小組，隨時掌握狀況，並依既定的作業流程，逐一妥善處理，以減輕或降低傷害。
3. **危機解除後**：對有關單位及個人續予聯繫及溝通，同時對已受傷害的人、事、物速採補救措施，儘速復原；並從危機事件中記取教訓，而將之回饋至此一組織。

7.3　危機管理如何應用於工程層面

一、前言

1. 危機的概念：生死存亡的關頭，是一段不穩定的時間和狀況，要立即做出決定性的變革。

2. 危機管理是動態的規劃過程，包括危機訊息的偵測、危機的準備及預防、損害的控制及處理、復原工作的進行、不斷的學習及修正等五大步驟。

3. 工程事故之危機管理：
   (1) 內部分析：優勢與劣勢評估。
   (2) 外部分析：機會與威脅評估。

4. 系統危機產生過程及特點：
   (1) 不確定性。
   (2) 突發狀況。
   (3) 急迫性。
   (4) 傷害性。
   (5) 影響層面廣闊。

二、危機管理及預防對策

1. 強化選購優質工程材料。

2. 制定完善工程承包合約。

3. 嚴格管控工程承包作業流程與品質。

4. 落實內部稽核與品管制度。

5. 成立危機處理中心儘速因應。

三、 本章的內容模擬三個情境，倘若你身為危機管理中心主管工程師，會如何處理？你的危機管理方案為何？如何預防災害之發生？

1. 新竹高鐵工程意外鷹架主體建築坍塌案。

2. 從工程技術觀點檢討高捷橋線 07-08 車站坍塌案。

3. 石岡水壩工程坍塌案。

7.4 真實案例

以下資料係摘錄自臺北市勞動檢查處 104 年宣導內容。

案例一：鋼筋尖端應設防護設施，避免穿刺留遺憾

1. 災害發生經過

當日勞工於工地進行柱筋綁紮工程，把合梯合攏作移動梯用途，並且斜靠在鋼筋上，勞工站立於移動梯上第 2、3 階作業，重心不穩造成移動梯滑動，以致墜落，又因地面裸露之鋼筋沒有架設防護，造成鋼筋自右腹部插進了胸部，經緊急送醫院急救，仍不治身故。

2. 災害防範的對策

(1) 使用移動梯應採防落滑溜的效用以及防止轉動之措施。

(2) 工作場所暴露之鋼筋、等等危險建材應採取彎曲尖端、予以設備加蓋或加裝保護套等措施。

(3) 雇主對於勞工應要其接受適合各該工作必要的安全衛生教育訓練，才開始工作。

(4) 原事業單位未事先告知承攬工程的人工作環境、危害因素和安全衛
生規定所必需採取之設施。

(5) 原事業單位未確實對施工作場所之巡查與工作聯繫。

🔧 圖 7-2　罹災勞工將合梯合攏作為移動梯使用，並斜靠在柱鋼筋上，當其站立於該移
梯上第 2、3 階作業時，因重心不穩而造成移動梯移動，致罹災者墜落。

🔧 圖 7-3　工地裸露之預留筋未設防護設施，造成鋼筋自勞工右腹部插胸部。

案例二：工地保全開啟升降機門，跌落機坑致死

1. 災害發生經過

颱風前，已裝置完成 3 部升降機，設定了 2 部機廂放於 10 樓，1 部車廂放於 1 樓，而 104 年 9 月 28 日上午已將機廂停放至 10 樓，勞工於新建工程擔任保全，當日約 10 時 38 分廠商使用升降機搬運物品及乘載人員，該員誤以為 1 部升降機車廂仍停放於 1 樓，以工地自製的鐵線頂住卡榫，開啟該升降機乘場門時，從 1 樓墜落至地下 4 樓之升降機機坑內，經通報消防隊救出後送往三軍總醫院治療，仍傷重不治身亡！

2. 災害防範的對策

(1) 雇主對勞工應說明從事工作並能預防災變所必需之安全衛生教育與訓練。

(2) 非經專業訓練人員嚴禁操作，對升降機如確定需開啟乘場門時，應由經受訓合格之專業人員負責。

🔧 圖 7-4　新建工程開啟升降機乘場門

🔧 圖 7-5　自 1 樓墜落至地下 4 樓機坑

案例三：高度 2 公尺以上作業應確實使用安全帶等防護具

1. 災害發生經過

當日下午 3 時半，有兩位勞工在 8 樓鋼樑上從事固定式起重機補強斜鋼樑拆除作業，吊離該斜鋼梁，不慎卡到 8 樓鋼樑的剪力釘，A 勞工於排

除作業時，該斜鋼梁突然鬆脫而撞擊到 B 勞工，而 B 勞工未確實把安全帶鉤掛於鋼樑母索上，故而墜落至 7 樓樓板（墜落高度約 3 公尺），經該公司員工通報 119 後送於臺北市立萬芳醫院救治，初步診斷為右腿髖骨有裂縫，後有固定，送住院治療。

2. 災害防範的對策

(1) 雇主對於高度 2 公尺以上的高處作業，勞工有墜落之可能者，必需要勞工確實使用安全帶、安全帽以及其他之防護器材。

(2) 雇主應依法令及有關規定會同勞工代表訂定合適需要的安全衛生工作規定，報經勞動檢查機構備查後，公告實施之。

(3) 事業單位與承攬人與再承攬人分別僱用勞工在作業時，避免造成職業傷害，原事業單位應採取以下必要之措施：A.設置協調組織，並指定由工作場所之負責人，擔任指揮、監督以及協調工作之進行。B.工作之連繫與內容之調整。C.工作場所之安全並需定期巡查。

(4) 屋主對電焊作業使用之焊接柄時，應有相當的絕緣耐熱性（依照《職業安全衛生設施規則》第 245 條暨《勞工安全衛生法》第 5 條第 1 項）。

(5) 屋主對勞工於良導體機器設備內的狹小空間內，或在鋼架等造成有觸及高導電性接地物疑慮的場所，作業所使用之交流電焊機，應配備自動電擊防止之裝置。但採取自動式焊接者，不在此限。（依照《職業安全衛生設施規則》第 250 條暨《勞工安全衛生法》第 5 條第 1 項）

◆ 結 論

雖然前面只有三個真實案例，但是請同學試著去思考看看，人的惰性是不是會造成危機的發生？機器是無生命的！它不會管你的生死，只有你自己才可以控管自己的生死，大家是不是應該在職場上常常有危機意識，遵守公司的規範，按照機器的照作方式及每日的工作檢查，這樣才能確保自己的平安也能多一分自我危機管理的意識存在。

🔧 圖 7-6　拆除 8 樓鋼樑上之固定式起重機補強斜鋼樑作業，因未確實鉤掛安全帶而墜落至 7 樓樓板。

🔧 圖 7-7　高度 2 公尺以上開口作業應確實使用安全帶等防護具。

結　論

　　21 世紀乃是知識經濟與數位化的時代，組織本身就是一個小型的社會系統，社會上可能發生的問題，在組織內部仍極有可能成為社會的小型縮影，危機事件在日常生活中隨處可見且可大可小，而如何研擬出一套有系統且具前瞻性的預防計畫，對組織危機管理將有莫大效益，因此建議加強以下幾項改進作法：

1. 定期舉辦危機訓練課程及模擬演練

　　設計危機情境主題，定期規劃辦理教育課程集訓，並進行危機處理演習或訓練，以降低人員因訓練不足或經驗不足，而造成危機處理不當情事發生。

2. 賦予安全管理人員職責重任

　　安全管理人員除了對轄區內設備需有能力進行計畫的擬定，安全的教育，風險的評估以及預防措施的設計外，兼聘心理輔導人員及醫護專業人員加入危機管理小組成員行列中，在危機處理中發揮原有的基本知識及技術所長，提升組織成員對危機處理興趣及向心力。

3. 督促訂定單位危機處理流程

　　針對單位特性，編製單位危機處理流程，並加強與警務、社區、民意代表，及資訊傳播等各單位間的聯繫與協調，配合 21 世紀的 e 化網際聯絡系統，建立更完善的通報系統，及進行更周密的應變訓練，以到預防危機發生及妥適處理的目的。

編著・張祖華

08
CHAPTER

環境倫理

Engineering
Ethics

本章導讀

　　全球氣候變遷，導致酸雨的造成、臭氧層破壞、油價驟升、水源短缺、水質汙染等，工程師在環境倫理議題上，可以扮演何種更積極的角色。

　　本章重點如下：

1. 環境汙染

2. 環境保護倫理與策略

3. 永續發展的未來

　　何謂環境倫理？就是在探討人與環境的相互關係，而人類對自然環境所具有的觀點、態度與作為的模式，可以稱為環境倫理。尊重自然、維持生態平衡是人類的基本責任，為了實踐自然環境倫理，人類有必要改變個人的生活態度與習慣，亦即工程師所有的設計與處理議題不要忘記環境倫理。

8.1　人類對環境的影響

　　根據聯合國(United Nations)的統計資料顯示，至 2011 年世界人口數已高達 70 億人。在過去 100 年中的全球人口數是顯現指數上升的現象，造成的主要原因是工業革命、農業發展、公共衛生長足進步與死亡率降低等。

　　從 1900 年的 14%市區人口百分率到 1993 年的 42%，換言之，城市的增長即是提升城市人口增加率。而且在一個典型的城市或市區，人口的自然增長指出出生人數比死亡人數多，加上從鄉郊移居到市區。城市化、節育及教育小孩是影響出生率的因素。

8.2　造成環境破壞的問題與衍生影響

一、臭氧層破壞

臭氧(ozone, O_3)存在於地球表面時，對人體健康造成危害，臭氧能阻擋太陽光中的紫外線輻射，地球生物不致受到傷害。

對地球生物十分重要的臭氧層，因為人類的活動而遭受破壞，造成臭氧層破壞的原因：1.氟氯碳化合物(Chlorofluorocarbons, CFCs)；2.高空超音速飛機；3.核子武器。

紫外線具有致突變性及致癌性，臭氧層破壞的結果將使人類罹患皮膚癌及白內障的機率大為提高，海洋生態系中的淺海浮游生物將遭受致命的影響，農產品也將面臨收穫減少。有鑑於此，在 1987 年時，「蒙特婁議定書(United Nations Montreal Protocol)」。由於蒙特婁議定書對於這些 CFCs 的使用加以管制，科學家的報告顯示，臭氧層破洞將可能於 50 年內自行修復。但是，舊汽車內的上百萬噸的 CFCs，目前則是束手無策，以前所釋放的 CFCs，目前正逐漸擴散到平流層；因此，臭氧層破洞在未來仍是一個嚴重的問題。

二、氣候變遷

全球氣候變遷又稱為全球暖化(global warming)或溫室效應(greenhouse effect)，所謂「溫室效應」是由於地球表面的大氣層存在著所謂的「溫室效應氣體(greenhouse gases)」，來自太陽的日照為大氣及地表呼吸後，一部分從地表反射的紅外線會為大氣中的溫室效應氣體吸收，造成地球表面溫度上升的現象，這種效應我們稱為溫室效應。

聯合國於 1992 年通過「聯合國氣候變化綱要公約(United Nations Framework Convention on Climate Change, UNFCCC)」於 1997 年公約第三

次締約國會議中通過具法律約束力的「京都議定書(Kyoto Protocol)」，以管制工業國家溫室氣體的排放。

因為已開發國家將堅持討論開發中國家的責任，而相關制裁條約係採罰金或貿易制裁，及排放權交易模式，都可能在未來幾年中定案。而臺灣並不是聯合國之會員國，無法簽署京都議定書，目前雖無減量責任，但依國際環保公約之規範，我國雖不簽署公約，但相關義務仍須遵守。

排放廢氣最大國—美國，也尚未簽訂京都議定書。美國是已開發國家，未來也不能漠視他們所製造的大量工業廢氣，已嚴重影響到地球環境的事實。

京都議定書是重要的規範，值得各國遵守它。2008~2012 年期間將其溫室氣體排放總量從 1990 年水平至少減少 5%是大家的共識。原訂 2012 年到期的合約，已延長到 2020 年。廢棄物管理及能源生產、運輸和分配中的回收和使用上的限制以造成甲烷等氣體的排放減少，是未來保護地球的重要課題。

三、固體廢棄物

隨著工商業的迅速發展與經濟繁榮，人類生活習慣和消費方式的改變，造成垃圾量快速增長且性質也日趨複雜，同時也衍生出許多垃圾處理及處置上的問題。

依據行政院環境保護署（以下簡稱環保署）89 年統計資料顯示，臺灣地區每人每天垃圾量約為 1.045 公斤，每年高達 838 萬噸（約 2.3 萬噸／日），然而臺灣地狹人稠，土地資源有限，理想且無民眾抗爭之衛生掩埋廠址一地難求。又加上「不在我家後院(Not In My Back Yard, NIMBY)效應」，也就是雖然自已製造了環境汙染的問題，但卻不希望由自已來解決，但為了達到永續社會、並回應民眾對大型垃圾焚化爐之環境影響的關心，環保署訂定「零廢棄政策」。不強調焚化與掩埋等管末處理，反朝向減少資源消耗、抑制源頭廢棄物產生，並強調回收再生利用之前端管理。

近年垃圾處理狀況行政院環保署統計資料顯示，2014 年 1~10 月垃圾產生量約 618 萬公噸（平均每日約產生 2 萬公噸），較 2013 年同期增加 0.4%（約 3 萬公噸），且透過清運與回收來處理；其中清運量約 276 萬公噸；而回收量約 342 萬公噸，包括資源回收量約 276 萬公噸，廚餘回收量約 61 萬公噸。近 10 年垃圾回收率由 2014 年之 24.0% 逐年增至 2013 年 55.0%，增幅達 31.0 個百分點。

一般廢棄物及事業廢棄物概述其清理、管理，以及推動源頭減量等，摘要說明如下：

1. 一般廢棄物

引導產品包裝走向材質簡單化、材料輕量化的設計，大大減少廢棄物的產出，禁止汞含量超過 5ppm 之一次錳鋅電池及筒狀鹼錳乾電池於國內市場流通，有效減少汞物質於環境中流出，是環保署的政策。

80 年政府開始興建焚化廠，將一般廢棄物處理方式由掩埋逐漸轉化為焚化，並推動資源回收、垃圾強制分類及多項源頭管理措施下，平均每人每日垃圾清運量亦由 86 年度 1.143 公斤降至 95 年的 0.605 公斤，垃圾妥善處理率也由 73 年 2.55% 提升至 95 年的 99.77%。

另我國平均每人每日垃圾量由 2004 年約 1 公斤降至 2013 年約 0.9 公斤，低於美國 2 公斤、德國約 1.7 公斤、南韓 1 公斤及日本約 1 公斤等多數國家。

2. 事業廢棄物

事業廢棄物方面由於其種類多且成分複雜，故於法規規範中，由產生源自行清除處理廢棄物或委託清除處理，或再利用或輸出境外等，多元化之清理管道，使廢棄物得以妥善被清理或資源永續利用。

環保署目前正積極推動環保科技園區之設置計畫，其概念在於促進產業間投入與產出面之關聯性連結，進而擴展至都市主要生活圈之連結。有效處理事業廢棄物的減量與永續經營。

四、水資源缺乏與汙染

　　臺灣為海島型國家，並受到太平洋氣候的影響，雨量豐沛。水資源雖然不虞匱乏，但因臺灣人口數多，每單位人口所能使用之雨量並不多，僅有世界平均值的六分之一，再加上降雨起區和季節分布不均勻，河川流短且坡陡，使得可利用之水量相當有限。

　　估計未來臺灣地區人口成長將逐年上升，因此，水資源的短缺將為目前將目臨之重要問題之一。

　　另外，臺灣地區人口快速成長及工商業迅速發展，因此汙染量日益增大，且汙染物也日益趨向多元化及複雜化。根據環保署 95 年環境水質監測年報－河川水質篇(2007)之監測資料指出，以溶氧量(DO)、生化需氧量(BOD)、懸浮固體(SS)與氨氮(NH_3-N)等四項水質項目計算河川汙染長度，在計算汙染程度的河川總長度 2,933.9 公里中，未（稍）受汙染河段長 1922.7 公里，占 65.5%；輕度汙染河段長 263.3 公里，占 9.0%；中度汙染河段長 573.2 公里，占 19.5%；嚴重汙染河段長 174.7 公里，占 6.0%。雖然中上游河段之水源僅有少部分受到汙染，但中下游河段卻已明明受到汙染。

　　依據環保署資料統計結果，工業廢水量約 10 億 8 仟 3 百萬平方公尺，汙染防治情況以 COD 汙染而言，經由處理後，整體工業界每年排放的 COD 總量為 16 萬公噸，削減率達 86%；COD 之排放量約為每年 2 萬 2 仟 4 百公噸。

　　各行業廢水經處理後汙染排放量已大幅降低，因民眾環保意識逐漸提高，加上環保法令政策之執行，工業界對於汙染減量與處理，大都投注相當多心力，全力做好汙染防治的各項工作。

　　大多數行業 COD 削減率皆在 80%以上，排放量已大幅降低，而主要行業之 COD 排放量占總排放量百分比，以造紙業、土石採取業、石化業等為主，其中前二者受廢水量大之影響，分別占整體工業廢水量約 23%及約 20%，致 COD 排放量百分比高。

臺灣總廢汙水之年排放量達 32 億立方公尺。工業廢水量約 11 億立方公尺占約 34 個百分比,市鎮汙水量 20 億立方公尺,達 63%。以臺灣地區水資源利用現況,年利用總水量為約 181 億立方公尺(含地面水、地下水),則利用於日常用水、工業用水及畜牧用水,大約占 18%,其餘則為農業用水約 82%。

COD 汙染產生量以工業造成的為最高,每年產生約 113 萬公噸,占總 COD 汙染量約 44%,其次畜牧為 73 萬公噸,約占 29%,市鎮汙水約 72 萬公噸是屬於最低。而目前工業界積極改善廢水汙染防治工作,其 COD 削減率達 86%,處理後 COD 排放量已降為 16 萬公噸,占總排放量約比率僅約 17%。而市鎮汙水因下水道普及率仍相當低,大都僅由簡單之化糞池處理後即排出,所以 COD 汙染之削減率僅約 47%,其處理後 COD 排放量占總排放量約 47%。而畜牧廢水方面,因近年來養豬戶已朝大規模企業化經營之方向前進,對於廢水汙染防治工作亦較小型養豬戶更具有執行力。所以 COD 汙染量由 73 萬公噸削減約 34 萬公噸,削減率為 54%,其處理後之 COD 排放量占總排放量約 37%。

植物性浮游生物及水性植物則可利用這些營養鹽而大量繁殖優養化的結果,造成該水域生態的急速變化,導致水質惡化。另外,因人類生產許多人造化學物質,並排入水體環境,且其人造化學物質可能對水體生物具有高毒性、高生物累積性、持久性等危害。

五、廢棄物海洋汙染

海洋與生物的演進和人類文明的進步均有相關密切的關係,係人類相關重要的資源,而且海洋亦蘊藏著許多豐富的礦物資源。

海洋長期以來都是許多廢棄物的最終去處,人類活動範圍變大、活動頻率增加、廢棄物激增、石油汙染事件倍增、以及人類生產不易分解或具毒性之物質塑膠袋、重金屬類、多氯聯苯…等等,直接或間接排至大海,導致海洋的自淨能力已不勝負荷。

　　然而海洋開發過程中無法避免汙染物質排入海洋，選擇對於海洋生態環境影響最低之方案進行，萬一開發案對於海洋生態環境造成顯著之破壞，則必須否決此方案之開發。此即所謂環境影響評估。

六、熱帶雨林終將不見

　　熱帶雨林是指生長在熱帶地區的森林，這些地區長年氣候炎熱，雨水充足，季相變化不明顯，生物群落演替速度快。

　　根據聯合國糧食農業組織(FAO)與聯合國環境規劃署(UNEP)的共同調查，由於人類砍伐，1980 年代末熱帶雨林的面積已不足 1,900 萬平方公里，比以前縮減超過一半，事實上熱帶雨林正以平均每秒一個足球場那麼大的面積不斷消失。每小時 24 平方公里（相當於 60 個維多利亞公園）的速度消失。

　　由於雨林中蘊藏豐家的生物多樣性，估計約有三分之二的物種存在於熱帶雨林中，且其中約僅有六分之一的物種被人類所命名，可見熱帶雨林是個極為重要的生物寶庫。而熱帶雨林是一個非常容易受到破壞，卻難以復原的生態體系。

　　熱帶雨林同時具有調節熱量及水分的功能，且在氧氣及二氧化碳的循環中，扮演吸收二氧化碳釋出氧氣的角色，因此也有減緩溫室效應的功能，故熱帶雨林重要性也是工程師要關心的重要議題。

七、生物多樣性的終結

　　由於受到氣候、地形、生態等環境因素下不斷地變動，再加上生物之間的生存競爭，使得許多生物已經絕種。由於人類過度活動所導致，仍而此問題目前已受到全球矚目。

　　目前已知的生物約有 150~160 萬種，但有專家則推測約有 500~1,000 萬種，也有估計超過 3,000 萬種。不過，世界保育聯盟公布的瀕危物種紅皮書(2007)指出，目前瀕臨危險的物種多達 41,415 種，其中瀕臨絕種的有 16,306

種，比去年增加了 188 種，而已經絕跡的則有 785 種，造成這種現象的主因，來自人類對自然環境的破壞，主要的威脅來自：自然棲息地的破壞，譬如森林遭到濫墾濫伐，珊瑚礁生存環境的破壞，其次是魚類的濫捕。

1999 年，各締約國共同簽署了喀他基納生物安全議定書(Catagena Protocol on Biosafety)，並於 2000 年正式通過。此生物安全議定書的目的在於規定適當程序、安全轉讓、處理和使用改性活生物體(Living Modified Organisms)。也就是經由人工造成基因上的改變。故生物安全議定書的重點再於避免生物科技發展過程中，任何改變生物體對於生物多樣性、甚至對於人類生命健康可能造成的危害。

八、沙漠化

沙漠化(Desertification)，即指原有植物覆蓋，但後來生態平衡遭到破壞而逐步造成變成類似沙漠的現象。

8.3 環境保護倫理與策略

因應地球環境危機，依賴政府控制汙染的政策明顯是不夠的，因此個人的人生觀、價值觀及倫理觀才是影響最重要的因素。

一、環境倫理的類別

1. Aldo Leopold 於 1949 年，便提倡土地倫理，為一種整體倫理。此倫理是指，即一件事情關乎保護生物族群的完整、穩定和美麗時，便是正確的，反之則為錯誤。

2. Lovelock 於 1979 年提出 Gaia 論（「Gaia」是希臘文，意思是地球），係指地球像一個具有生命的有機體且具有自動調節的能力。

二、環境倫理的實踐和實用性

現代的環境倫理，或許可以只是上述人類福祉(human welfare)與人權(human rights)兩種道德考量的補充，與人權與財產權（尤其是自由企業）有關。對環境的傷害最後會回到人身上，因此，在這種新世界觀之下，人權已經包含更廣的內涵，除原有的政治自由及經濟自由之外，還有某些特定的福利權：1.生存的尊嚴；2.教育的獲得；3.健康和醫學照顧議題；4.生存的環境的永續。

「環境倫理」的建構，至少有下列幾方面的好處，我們姑且稱之為環境倫理的實用性(Callicott, 1994)：

1. **整體進步**：因為，理想確實是可以對行為產生很大的影響力。「環境倫理」的存在，可以使人類在對待大自然時所採取的行為，朝理想的目標前進。

2. **提供標準**：它提供一個可以作為判斷政策或行為對錯好壞的標準或基準。

3. **釐清爭議**：「環境倫理」並不是存在於思想的真空裡(a cognitive vacuum)與外界更大系統的觀念隔絕，而是在新興的生態思潮(ethos)與世界觀之下，與一般公眾規則(common law)互相結合所產生的。

4. **限制行為**：限制人類去破壞環境議題的行為。

三、環境管理策略

國際標準組織(International Organization for Standardization, ISO)之環境管理小組目前正積極推動相關事務，加速擬定 ISO 14000 環境管理系列之國際標準，包括環境管理系統(ISO 14001, ISO 14004)和相關的環境管理工具，如產品生命週期評估、企業環境報告書、綠色標章等，未來將成為國際貿易及環境保護重要的里程碑。有鑑於 ISO 9000 系列品質管理與品質保證標準對世界所造成的風潮，ISO 14000 目前也受世界所有的企業組

織的關注，且 ISO 14000 系列也將逐步被納入國際貿易規範條件中，對以貿易為導向之國家，影響重大。

　　ISO 14001 為 ISO 14000 環境管理系統標準中，針對組織環境管理系統之驗證規範，與組織環境績效之提升及企業界之對外貿易最為相關，故為各類有意推動環境管理系統組織之關切所在。目前世界各國政府與企業界均熱切推動中，臺灣的 ISO 14001 認證業務由經濟部標準檢驗局負責，目前通過認證的企業已超過 150 家。

8.4 永續發展

一、永續發展的涵意

1. **自然生態定義**：保護和環境系統的再生能力。

2. **社會性定義**：改善人類的生活品質。

3. **經濟性定義**：確保經濟發展的淨利益增加。

4. **科技性定義**：盡可能減少能源和其他資源的消耗。

5. **廣泛性定義**：人類有能力使開發持續下去，也能保証使之滿足當前的需要，而不致危及到下一代滿足其需要的能力。

　　分析其內涵認為永續發展應包含公平性 (Fairness)、永續性 (Sustainability) 及共同性 (Commonality) 三個原則：就社會層面而言，主張公平分配，以滿足當代及後代全體人民的基本需求；就經濟層面而言，主張建立在保護地球自然系統基礎上的持續經濟成長；就自然生態層面而言，主張人類與自然和諧相處。

二、永續發展的重要性

如果自然資源的總數儲備剩餘沒有變化或甚至增加，發展就算是可持續的。可持續性與環境、經濟、社會、文化和政治因素的相互關聯。從生態的角度，可持續性關注的主要是生物系統的穩定性。從全球的角度，癥結在於保持文化多元化。可持續性的文化把重點放在保持社會和文化制度，維持文化多元化，促進公平。所以永續發展應該要有無私的行為。應為他鼓勵我們為了後代的自然環境著想，來使我們考慮行動的後果。

三、我國目前因應對策

臺灣因地狹人稠，自然資源不豐，天然災害頻繁，國際政治地位特殊，對追求永續發展而言，比其他國家更具迫切性。臺灣在近幾年已陸續制訂國家「二十一世紀議程」、「生物多樣性國家報告書」，並研擬溫室氣體減量策略，以及訂定「國家環境保護計畫」，並推動「綠色矽島」計畫。為積極落實永續臺灣的理念，行政院核定國家永續發展委員會設置要點，並由院長擔任召集人，帶領執政團隊推動相關工作。隨即於 2002 年 9 月聯合國永續發展高峰會議後，即發布永續發展行動計畫，並將 2003 年訂為永續發展行動元年，期能帶動國人永續發展的理念與行動，使臺灣永保生機。

依此理念，永續發展的基本原則、願景，並參考世界各國及聯合國二十一世紀議程相關實踐的文件，諮詢相關團體及個人，作為我國因應新世紀國際潮流的基本策略和行動指導方針（國家永續發展願景與策略綱領，2004）。

我國目前推動永續發展的願景如下：

1. 永續環境。
2. 永續社會。
3. 永續經濟。
4. 社會公平與世代正義原則。
5. 科技創新與制度改革並重原則。

編著・張榮正

09
CHAPTER

資訊與網路倫理

Engineering
Ethics

我們生活在資訊網路暢通的時代生活在科技應用成熟的臺灣，不僅享受到資訊網路帶來的便利、也要承受資訊網路生的衝擊。資訊網路倫理相關的衝擊事件，小至個人包含網路霸凌(Cyberbullying)造成的痛苦、損失、甚至於危害生命；大到對多數人或是組織團體遭受詐騙傷害、信譽受損、財產耗失；更有著對社會、國家、地緣政治的偏頗言論、認知作戰、網軍攻擊、輿論控制，都在在影響著我們的生活。大家根據相關關鍵字做網路搜尋，就可以見到偷拍、監聽、詐騙與毀謗的資訊網路倫理議題。

　　網路言論如果沒有經過查證而造成傷害，將觸犯民法人格權侵犯的議題，根據《刑法》第 309 條，公然侮辱人者；《刑法》第 310 條，意圖散布於眾，而指摘或傳述足以毀損他人名譽毀謗罪。無端在網路橫生是非的混淆視聽，將會自損私德，甚至吃上官司。而且轉貼、引用未經查證的文章，也構成了侵權的行為。如果在學術論文、研究報告領域，更會有危害學術倫理的缺失。

　　軟硬體資訊工具使用，也可能造成偷拍與監聽。依據《刑法》第 315 條，窺視、竊聽他人非公開之活動、言論、談話或身體隱私部位者；錄音、照相、錄影或電磁紀錄竊錄他人非公開之活動、言論、談話或身體隱私部位者，處三年以下有期徒刑、拘役或三十萬元以下罰金。自拍的法律與倫理議題，涉及《刑法》第 235 條，散布、播送或販賣猥褻之文字、圖畫、聲音、影像或其他物品，或公然陳列，或以他法供人觀覽、聽聞者，處二年以下有期徒刑、拘役或科或併科九萬元以下罰金。任何人有意對外洩漏私密或版權資訊，就觸犯刑法重罪，可見相關資訊在網路上的使用，必須要戒慎恐懼。

9.1 緒　論

　　資訊網路在現代人的生活中扮演著重要的角色，進入人們的日常世界之中，威脅了原有的社會結構，也迫使人類生活習慣的改變。資訊網路不僅為人們提供資訊，資訊網路更是現代人取得各種資訊的重要管道，包括新聞、教育、商業、娛樂等。透過網路，現代人可以輕易地獲取需要的知識和資訊，並即時與世界各地的人互動交流。資訊網路也為人們創新了商業模式，推動了數位化經濟的發展，透過網路平台，企業可以進行線上交易、網路行銷，甚至是將業務完全轉移到行動網路。資訊網路也促進了各種新興商業模式的出現，例如共享經濟、電子商務、網路金融等。資訊網路還為人們促進社交互動，讓人們更容易與家人、朋友和社群互動，不受地理位置和時間限制。社交網路也成為人們表達意見、分享生活、獲得支持和幫助的重要平台。資訊網路更改變人們的生活方式，為現代人提供了許多便利，例如網路購物、網路訂餐、網路預定旅遊等，也讓現代人能夠更靈活地選擇自己的生活方式。資訊網路還帶來了一些挑戰和問題，例如資訊安全、網路欺凌、虛假資訊等。現代人需要正確使用資訊網路，並認識到其中的風險和挑戰，以維護自己的權益和社會公義。

　　資訊網路對現代人的生活產生了廣泛的影響，從資訊取得到商業模式、社交互動和生活方式，都有顯著的變革。資訊網路帶來的機會和挑戰，需要現代人正確看待和應對。

　　從臺灣社會最近的真實事件看，從層出不窮的資訊網路詐騙，與震驚國內政治圈的學術論文抄襲，到網軍帶風向翻車，造成違背善良民意而引起大家對媒體失去信心，還衍生出一些網路霸凌造成受害者無法復原的傷害，更有優秀外交官員受到網路暴力而自我戕害，但傷害罪僅只起訴到直接施暴的表層網路組織勢力，大家稍加搜尋不難發現資訊網路的使用確實造成許多憾事，而資訊倫理亟待伸張固守。

9.2 資訊倫理與法律

9.2.1 何謂資訊

　　資訊泛指以數字、文字、圖像、聲音等形式所表達的訊息或知識，可透過電腦、網路、手機等數位設備進行傳輸、儲存、處理與分享，是現代社會中不可或缺的一部分；不只限於和電腦有關的檔案，資訊普遍存在於人類社會各種活動之中。資訊的使用所衍生的問題需要「倫理」來加以規範。

　　國際標準組織為了安全地使用資訊，訂定的資訊安全規範 ISO 27001 對於「資訊」的解釋如下：

　　資訊是現代企業組織的資產之一，如同有形資產（廠房、設備）一般，都需要加以妥善保護。資訊會以各種不同形態存在，無論是紙本、電子檔案、以網路進行資料交換的格式型態，甚至於是人與人的對話、交談都屬於資訊的範圍。資訊，不論是以何種形態存在、以何種方式儲存，都應該被加以妥善保護。

　　資訊可視為一種人類運用的資源，而不是自然界固有的物質或資料與文字排列。資訊是一種有意義的人類認知，並不會自己存在的；它必須存在於人與人、或人與外在環境的關係之下。因此，人們對資訊之社會功能的原始期待為提高人們認知、詮釋、掌握或控制外在世界的知識。有了資訊可以洞燭機先、在生活、休閒、商場、戰場上取得戰略優勢；也可以用來困擾、打擊與自己競爭的他人或組織。這些資訊力量的應用主體可以小至個人，擴於組織企業，大到國家聯盟。

9.2.2 資訊倫理

資訊科技的搜尋、檢索、儲存、整理、利用與傳播應用帶來便利性。資訊倫理是指在資訊科技的應用中，所涉及的道德、社會、法律、責任等方面的問題和考量。資訊倫理的內涵包括以下幾個方面：

道德： 資訊科技應用中的道德問題，如隱私權、智慧財產權、資訊安全、網路霸凌等。

社會： 資訊科技應用中的社會問題，如資訊落差、數位鴻溝、網路犯罪、網路成癮等。

法律： 資訊科技應用中的法律問題，如資訊盜竊、網路詐騙、網路販毒等。

責任： 資訊科技應用中的責任問題，如開發者和使用者的責任、政府和企業的社會責任等。

資訊倫理的內涵要求我們在資訊應用中保持高度的倫理和社會責任警覺。「凡是探索人類使用資訊行為對與錯的問題，都是資訊倫理」。

「資訊倫理」是資訊社會中，人與人之間相處的道理，它可以是指一般的資訊科技，或者是利用電腦或網路使用各種資訊的規範，簡單的說就是資訊科技相關的倫理。資訊倫理議題與其他社會上的倫理議題在本質上或程度上存在著一些的差異，這突顯倫理行為對資訊專業人員的重要。因此，資訊專業人員面臨倫理議題，須比一般人員更具有專業作為。學者提出的常見的資訊倫理議題包括智慧財產權(intellectual property rights)、隱私權(privacy)、網路詐騙(Internet Fraud)、機密(confidentiality)、置入性行銷（Placement marketing）、公平(fairness or discrimination)、責任(liability)、軟體風險(software risks)、網路霸凌(Cyberbullying)、假消息(Fake news)及未授權存取(unauthorized access to computer system)等諸多個議題。學者 Masson(1986)提出資訊時代四個主要的倫理議題：資訊隱私權(Privacy)、資訊產權(Property)、資訊錯誤之責任歸屬(Accuracy)及資訊資源存取權(Accessibility)。

我們使用網路，不經意地會啟動網路的影響力，如果不謹慎做出可能傷害社會的動作，或是有不當的言論發表，可能會對他人造成傷害。我們發表言論時應尊重他人，不要散布仇恨、歧視或誹謗言論。如果對某個議題有不同意見，應該以客觀的方式表達。發表言論前，應該先確認所發表的資訊是否正確，避免傳播錯誤的資訊和假消息。如果不確定某個資訊的真假，可以先查證後再發表。也一定要避免觸犯個資法刺探、或在網路上公開他人的隱私，例如他人的照片、姓名、聯絡方式等。如果必須公開某人的資訊，應經該人同意並遵守相關法律規定。更不要使用攻擊性言語，例如謾罵、人身攻擊等，對他人造成傷害。要保持客觀和冷靜，避免情緒化發表言論。另外在發表文章、圖片、影片等作品時，應尊重版權，不要侵犯他人的智慧財產權。如果需要轉載或引用他人的作品，要經過該人同意或符合版權法規定。

專家引導網路公民在網路上互動時，要秉守THINK五原則，對於網路上的言論或行為，都要思考：

T： 是否屬實(Is it True?)：在網路上發言前，應先思考這個言論是否是真實的？是否可能是一個錯誤的觀點？是否是偏頗不夠全面的？是否是為了特定目的而捏造的？有可能傷害到他人。避免輕率發言或使用攻擊性言論，尊重他人的意見、信仰、種族等。

H： 是否有益(Is it Helpful?)：在網路上表達自己的觀點和意見時，應該珍惜使用了資訊網路資源，要推出正向力量，確保言論對他人有幫助。如果耗費網路資源而沒有任何意義，不如不要發言。

I： 是否啟迪人心(Is it Inspiring?)：在網路上發表言論或上傳資料時，不要只為了發表而發表，流於陳腔濫調也不應該空談。

N： 是否需要(Is it Necessary?)：在網路上表達意見，參與討論或是辯思真理，贅言不僅對群體沒有助益，多說多錯不如沉默。

K： 是否慈善(Is it Kind?)：在網路上發表言論時，應該以友善的態度對待他人，尊重他人的意見，不要使用帶有侮辱、污辱、誹謗等不當言詞。

THINK原則提醒人們在網路上應該保持尊重、謹慎、審慎，避免對他人造成傷害，保護他人的隱私和知情權，很容易記憶與遵循，也能確保言論的友善和有益性。

9.2.3 資訊倫理新挑戰

資訊網路產業與其應用的急速發展，在 21 世紀已經因為行動網路與物聯網(Internet of Things, IoT)和人工智慧(Artificial Intelligence, AI)的應用帶來了許多論理挑戰，以下是一些主要的挑戰：

1. **隱私和資料保護**：隨著物聯網設備和人工智慧技術的普及，許多個人和企業的數據被蒐集和分析。因此，如何保護個人隱私和數據安全成為一個重要的挑戰。手機、連網設備、無人機、影音監控設備、社群網站、網路購物、戶政與醫療機構、電子銀行等等，都是可能洩漏個人隱私的途徑。

2. **智能決策**：AI 技術能夠分析海量數據，幫助人們做出更明智的決策。然而，對於依賴 AI 技術做出決策的情況，我們必須仔細思考其可靠性、透明度和公正性，以避免對個人或群體產生不公平的影響。自動駕駛車、無人工廠、人工智慧機器人服務等等，將來甚至於還會搶奪人類工作權，進而造成失業與財富分配的未來社會問題。

3. **責任和道德**：隨著物聯網和人工智慧技術在更多場景下的應用，對於設計、開發、應用和管理這些技術的人們，必須對其影響和後果負起責任。因此，如何建立適當的道德和責任感，成為一個重要挑戰。人工智慧機器人能否擔當記者、醫師、司機、工程師的工作？犯了錯誤該由誰負責？

4. **智能與人類**：隨著 AI 技術的進一步發展，人與機器之間的交互將越來越普遍和密切。如何讓人類和機器相互協作、相互理解，成為一個重要的挑戰。技術差異和不平等的風險，可能導致不同群體之間的數

字鴻溝擴大，進而影響社會的公平性和穩定性。如果先得到機器協助的人欺壓沒有資訊網路資源的人們，將會造成嚴重的倫理危機。又如果機械智慧意識凌駕於人類之上呢？

高度資訊化生活，讓各種連網設備充斥在我們的周遭，帶來便利，但也衍生許多隱私、安全、智慧財產權、取代人類基礎工作能力等等議題。物聯網和人工智慧技術的應用帶來了許多論理挑戰，需要人們持續關注和解決。在這個過程中，需要遵循資訊倫理的原則，確保這些技術的應用是可靠、公平和負責任的。

9.2.4 資訊倫理守則

「資訊倫理守則」是參考各大資訊專業組織分別建議的一些資訊科技領域中，對於使用者、資料、技術及社會的相關倫理議題進行探討、討論與制訂的一套規範。以下是常見的資訊倫理守則：

1. **隱私保護**：尊重個人隱私權，不擅自收集、利用或揭露個人資訊。

2. **知識產權保護**：尊重智慧財產權，不侵犯他人的專利、著作權等。

3. **資訊安全**：確保資訊的機密性、完整性及可用性，防止資料遭到竊取、損毀或滲漏。

4. **網路禮儀**：尊重他人意見，避免惡意攻擊或網路霸凌。

5. **社會責任**：考量資訊科技的社會影響，以永續發展為目標，對社會、環境等議題負起責任。

6. **公正與平等**：尊重種族、性別、宗教等多元性，不歧視或偏見，以公正、平等的態度處理資訊相關事務。

以上常見的資訊倫理守則，網路公民應該有認知，資訊工作者或相關人員應該遵守相關規範，立法與公權力執行者更應該洞察，以確保資訊科技的發展與運用能夠符合社會期望。

9.3 資訊安全

網路資訊的使用，在近代社會不僅僅形成了生活隱私、商業信用、公共秩序、國家安全等問題，甚至於是強權國家的貿易、科技戰爭的重要武器。自從電腦被使用，資訊安全議題就存在，隨著網路應用普及，各種形式的電腦資訊在網路上的流動，更凸顯資訊安全的重要性。從企業組織逐漸重視資訊部門的功能，到現在行政院成立數位發展部，現今資訊安全的架構，是「管理」與「技術」面並重的趨勢。

管理的問題，主要是組織人員管理與安全系統的建立。唯有參與使用的個人、員工、公民都有正確的資訊安全觀念，盡力維護資訊系統的安全。這樣在個人、企業、或社會國家遭受的犯罪組織或是外部駭客攻擊時，可以將傷害降到最低。大部分的資安傷害，都是來自於企業、組織內部的管理不當所造成。近年資訊安全發展的趨勢包括：

1. **雲端安全**：隨著越來越多的企業和機構使用雲端服務，雲端安全成為一個重要的資安威脅。黑客可以透過各種手段攻擊雲端，例如透過偽造認證、弱密碼、漏洞利用等方式，導致數據洩露、服務中斷等問題。

2. **物聯網(IoT)安全**：隨著 IoT 裝置越來越普及，攻擊者可以利用弱密碼、漏洞等方式入侵 IoT 裝置，控制其進行攻擊或監聽數據。此外，IoT 裝置本身也可能存在隱私泄露、數據竊取等風險。

3. **人工智能(AI)安全**：AI 技術的發展將為資安威脅帶來新的挑戰。攻擊者可以利用 AI 技術進行更加智能化的攻擊，例如透過機器學習獲取目標系統的漏洞等信息。

4. **社交工程**：社交工程是一種利用人類行為心理學漏洞來進行攻擊的方式，攻擊者可以通過欺騙、詐騙等方式騙取個人信息。近年來，社交工程攻擊越來越精細，攻擊手段越來越高端。

5. **勒索軟件**：勒索軟件是一種攻擊手段，攻擊者通過加密受害者的數據，然後要求支付贖金來解密。近年來，勒索軟件攻擊越來越普遍，攻擊手段也越來越高級化。

　　資訊安全的目的，是為了保護個人、組織資訊不受任何威脅，降低風險的發生，並採取措施保證生活、營運不會因風險的發生而受害，確保損失降至最低。一般資訊安全在會資訊的以下性質：

1. 機密性(Confidentiality)

敏感、珍貴、隱私資訊無會洩漏給不應該看到訊息的外部。

2. 完整性(Integrety)

資瞭內容是真實、未被竄改的完整資訊。

3. 可用性(Avaliability)

資了在有權使用的使用者要求下，就立刻可以被取用。

　　世界經濟合作開發小組(Organization for Economic Corporation and Development, OECD)在 2001 年會議中，曾對資訊安全目標的描述為「確保仰賴資訊系統上的各種利益，避免傷害而導致機密(Confidentiality)、完整性(Integrity)及可用性(Availability)的失能」。這三個英文字母的縮寫就是 CIA，與美國的中央情報局縮寫一樣；讓資訊安全憑添了幾分情報攻防的色彩，與現實社會的資訊安全議題確實相當吻合。

一、資訊安全規範

　　資訊安全規範 ISO 27001 的前身為 BS7799 在上個世紀就被提出。經過多次國際工要組織討論與改版，在 2013 年改版。列出有關資訊安全管理系統(information security management system, ISMS)架構、實施、維護以及持續改善上的要求，目的是幫助組織可以使其保管的資訊資產更加安全。2017 年時，歐洲有更新此標準，並且出版。

這些資訊安全規範，攸關資訊產業快速推進資訊應用，但必須同時防治資訊被濫用、盜用、或是惡意用來危害正常使用狀況。資訊相關產業需要嚴肅的制定相館企業程序來遵循相關法規；一般使用者更務實重要的是理解相關資訊倫理、法律議題，並以安全、合法的方式使用資訊軟硬體設施。

二、個人的資訊安全加強

個人生活在現代社會，基於享受科技的便利、與安全需求，需要避免對他人、社會整體造成傷害的論理信念，應該從自我做到以下的資訊安全：

1. 妥善設定並保存系統帳號與密碼

各種系統帳號身分與密碼的保存與保管，認可實名制註冊登錄的帳號並且以個人信用來使用帳號。誠實是最好的策略，而誠實的使用各種系統，也要負起保護帳號權益的責任。

2. 兼顧個人電腦系統管理者與使用者職責

個人電腦是否與家人共用，都最好區分電腦管理者、與普通使用者權限，以更嚴謹的態度使用管理者帳號，負起管理責任。

3. 嚴肅適用資訊安全機制

適當安裝防毒軟體火防火牆，定期使用安全掃描、定期備份。

4. 尊重智慧財產與避免來路不明的服務

不可盜用付費版權軟體，並且避免使用來路不明的忘錄服務、或下在安裝已疑慮的軟體。許多惡意軟體會有蒐集個人使用狀況、竊取個人隱私、甚至於破壞使用者環境的行為。造成輕則資料被竊取、電腦資源被竊用，重則個人電腦軟硬體資源被濫用、資料被破壞、甚至於資到勒索或侵占財務。

5. 系統與個人知能與時俱進

加入主流使用者學習行社群，吸收相關科技新知。隨時更新電腦作業系統服務套件，隨時更新應用程式更新服務，讓系統握業應用環境處於最佳狀態。

9.4 資訊安全機制

資訊安全既然已經與現代人的生活、工作緊密相關，資訊安全的服務與產品自然也就隨之應運而生。我們藉著搜尋相關關鍵字，也可以獲得許多資訊安全機制，例如防毒、加密等軟體、資訊隱藏，或是包含硬體服務的防火牆、入侵偵測等等，可以變成服務或是實體商品在市場上取得。為自己的資訊安全加上防護機制，讓自己的資訊不會被惡意竊取或破壞，甚至於被竊占成為危害資訊安全的幫兇，是現代人應有的作為。投資一些關在資訊安全機制，甚至於花費一些預算購置資訊安全商品，應成為現代人生活的日常。

一、防火牆(Firewall)

在網路上搜尋[防火牆系統]，可以發現有許多上商業販售防火牆系統的網路連結，顯示已經有各類商品可以販售。防火牆用來阻擋網路上試圖入侵用戶電腦的網路連線企圖、有些企圖包含駭客的網路詢問，也可能是自動執行的電腦病毒和電腦蠕蟲。將組織內、外做一個區隔，防火牆就是在網路內外部的介面中，加一層檢查機制，對外部進入或是內部流出組織的網路「封包」，根據合理的檢驗測試，對於合理的封包傳遞允許通行，而對於有疑義的「可疑」封包阻擋並回覆錯誤訊息，相當程度可以阻擋惡意封包而不妨礙正廠的網路存取。

防火牆的技術原理基植於網路通訊架構，大致上可以有網路層封包過濾型、與較為繁複、針對種類龐雜的各種可疑應用軟體的應用層攔阻型，分別對於個人、工作室、中小企業、與大型組織做出有效防護。相關商品服務在網路論壇中有一些使用狀態的討論與經驗分享。專業的防火牆系統包含軟硬體的偕同運作，需要資訊安全專業人員介入。

二、入侵偵測與防護系統 IDS/IPSru(Intrusion Detecting/ Protection System)

網路安全機制是一門經驗科學，通常都是根據網路侵犯的經驗而制定；先有攻擊戰術，再衍生防禦策略。類似新冠病毒疫苗研究單位可能進行病毒變種測試，以優先掌握病毒變異，提前製造病毒疫苗。網路安全入侵偵測系統監聽網路封包，經常與防火牆合併運用，將疑似違背資訊安全規則的狀況整理報告給網管人員。入侵防護系統則更能夠主動的採取必要措施，例如阻斷可疑連線，並及時通知網管人員。

然而 IDS/IPS 系統無可避免會造成系統效率的負擔。在高速網路環境中，對使用者提供不間斷的高速網路，卻又要保證網路的惡意攻擊都被偵測與防護，無疑將造成系統效率受限，或是額外的設備負擔。但這就像是大馬力、高速度的大量車輛開上交通系統，必須要有協調控管的交通規則軟硬體，才能保護系持續正常運作。

這些額外的入侵偵測與防護系統能夠抵禦網路入侵避免損失，但也是資安廠商服務獲利的來源。

三、防毒機制

電腦病毒利用連上網路的電腦程式執行機制，製作惡意程式，讓使用者在被瞞騙的情況下，啟動這些惡意程式在電腦網路上執行，讓病毒程式控制使用者的電腦。大家如果在網路上搜尋[電腦病毒(Computer virus)]，可以見到許多關於電腦病毒的敘述、分析、與商品銷售服務。

現代資訊系統應該建立以下防治電腦病毒的機制：

1. 防病毒軟體

安裝有效的防病毒軟體，可協助防止病毒侵入系統。該軟體能夠掃描、檢測並隔離可能存在的病毒，及時清除病毒並保護系統免受病毒感染。

2. 更新防病毒軟體

病毒製作者不斷地創造新的病毒,因此保持防病毒軟體更新至最新版本,以確保其能夠檢測和清除最新的病毒。

3. 使用正版軟體定期更新系統

定期更新系統和應用程式軟體,能夠修復漏洞和強化系統安全性。這樣可以減少病毒攻擊的機會。

4. 強化密碼安全

強化密碼安全,能夠避免猜測密碼的方式入侵系統。使用強度較高的密碼,定期更新密碼並避免在不安全的網路上使用相同的密碼。

5. 建立安全備份

建立安全備份,可避免資料損失和病毒感染所帶來的風險。在安全備份上定期執行備份作業,可確保在需要時能夠快速回復資料。

6. 教育使用者

提高使用者的安全意識和知識,是有效防治電腦病毒的重要措施。定期教育使用者如何辨識並避免病毒攻擊,避免不當使用網路或下載不明來源的程式,可減少病毒感染的風險。

建立多層次的防治電腦病毒機制,是保障現代資訊系統安全的重要手段。尤其在網路攻擊和病毒入侵頻繁的環境下,建議採取相應的防治措施,確保資訊安全和可靠性。

四、資料隱藏(Data Hiding)

資料隱藏也稱作資訊隱藏(Information Hiding)。經常應用在數據保密、數據的不可抵賴性、防治偽造數位作品、推動數字簽章、或是維持數據完整性如加密、壓縮。應用了資訊隱藏,數位作品的創作者多了層保障;數位作品的抄襲也多了一層障礙。現在更有區塊鏈(Block Chain)技術能將一種去中心化的、安全性高的數據存儲和傳輸技術。它是通過多個節點的

協作，將交易記錄存儲在一個由多個數據塊構成的鏈式數據庫中，以實現交易的安全、透明和不可修改。

區塊鏈技術最初是為了支持比特幣加密貨幣的交易而開發的，但現在已經應用在多個領域，例如金融領域實現跨境支付、資產證券化、黃金、石油等資產交易等金融業務。物流和供應鏈管理實現物流跟蹤、貨品擁有權證明、生產過程追溯等供應鏈管理業務。數字身分認證實現去中心化的身分認證，保護用戶隱私和安全。版權保護實現版權保護和數字資產證明，保護知識產權和創意產業。智能合約可以實現智能合約，即基於區塊鏈技術實現的自動執行的合約，提高合約的可信度和執行效率。區塊鏈技術可以幫助實現去中心化的、安全的、可靠的交易和信息傳輸，尤其適用於需要保障數據安全、可信度和透明度的場景。

資訊隱藏是將特定訊息，隱藏在其他寄宿訊息，例如圖片、影音、檔案中而不明顯被發現。而這些隱藏住的訊息，卻是一些特定、獨有、簽署等等資料，足以證明被寄宿的訊息是用特殊方法製造，從而說明被寄宿訊息的來源，保證這些產出的訊息不被惡意抄襲、濫用或否認。資訊隱藏可以用替換技術取代被寄宿資訊中較不重要務分、或用變換技術轉換、壓縮、重新編碼將關鍵信息遷入被寄宿訊息中。

資料隱藏技術可以用於保護資訊的機密性和完整性，其主要作用有利用資料隱藏技術，將敏感的信息隱藏在看似無害的數據之中，從而達到保護敏感信息的目的。例如，在圖像中隱藏文本信息，可以將其安全地傳遞給指定的接收方，避免敏感信息被未經授權的人看到。利用資料隱藏技術，可以將信息隱藏在媒體中，使其不易被非法竊取。例如，在電子郵件或其他網路傳輸中，可以將敏感信息隱藏在圖像或聲音等數據中。也可以將數據隱藏在其他數據中，同時保持原始數據的完整性。例如，在數位圖像中隱藏數字水印，可以證明該圖像是原始數據，而且沒有被修改或篡改過。更可以提高數據的安全性，防止數據在傳輸或存儲過程中被竊取或遭到破壞。例如，可以利用隱藏技術將敏感的數據隱藏在媒體中，即使數據被盜取，未經授權的人也無法檢索敏感信息。

資料隱藏技術是一種有效的保護資訊的方法。它可以隱藏敏感信息、防止信息竊取、維護數據完整性和提高安全性。然而，使用資料隱藏技術也存在著一定的風險。

五、密碼學、加密技術（資訊安全介紹）

密碼學是一門研究如何保護信息安全的學科，它使用數學和計算機科學方法來設計和研究保密通信、數字簽名、數字認證等技術。

密碼學的主要作用是保護信息的機密性、完整性和可用性，從而實現資訊安全。具體來說，密碼學可以幫助資訊安全實現機密性，對敏感信息進行加密，使其在傳輸和存儲過程中只能被授權的人解密，保障數據的機密性。保證資料完整性，使用數字簽名和消息認證碼等技術保護信息的完整性，確保數據在傳輸和存儲過程中不被篡改。增加可用性，使用訪問控制、加密算法等技術保護信息的可用性，確保數據在存儲和傳輸過程中不會遭受拒絕服務攻擊等攻擊。

在密碼學領域，通常可區分為兩種密碼系統：1.對稱性密碼系統(symmetric cryptographic system)，其中以 DES(Data Encryption Standard)加密演算法，使用最為廣泛；2.非對稱性密碼系統(Asymmetric cryptographic system)，其中以 RSA 之加密演算法，最為廣為人知。如果結合兩者之特性，而擁有數位信封(Digital Envelope)等功能，可稱之為 Hybrid Cryptographic System（混合型密碼系統）。詳細的密碼學應用是資訊安全的基礎，由資安廠商提供服務。

六、無線網路加密

無線網路應用已經普及到中小企業、家庭、與個人行動裝置。無線網路加密有以下常見的演算法：

WEP： WEP(Wired Equivalent Privacy)是一種最早的無線網路加密標準，使用 RC4 加密算法。但是 WEP 容易被攻擊，並且安全性較低，現在已經不再推薦使用。

WPA： WPA(Wi-Fi Protected Access)是一種更為安全的無線網路加密標準，使用 TKIP(Temporal Key Integrity Protocol)加密算法。WPA 使用更強的加密技術和驗證方法，比 WEP 更難以被攻擊，但仍有一些安全漏洞。

WPA2： WPA2 是目前最廣泛使用的無線網路加密標準，使用 AES(Advanced Encryption Standard)加密算法。WPA2 提供更強的加密和身分驗證技術，並能夠保護 Wi-Fi 網絡免受多種攻擊。

WPA3： WPA3 是最新的無線網路加密標準，與 WPA2 相比具有更高的安全性。WPA3 通過 Simultaneous Authentication of Equals(SAE)協議提供了更強的密碼保護機制，並支持更強的加密算法。

在選擇無線網路加密演算法時，應根據實際需求選擇合適的加密演算法，並注意定期更新密碼，以提高無線網路的安全性。

七、防範網路交易詐騙

網路交易詐騙防治已經是現代各類型大學校園的學生事務工作重點。並不是因為資訊網路技術需要學習，而是現代人使用網路商務遇見許多的詐騙行為，深深影響了所有學院與科系的學生。以下是一些防範網路交易詐騙的建議：

1. 購物前先查證

在購買產品或服務之前，可以通過搜尋相關評論和討論，確保網站或賣家的信譽。如果找不到任何關於該網站或賣家的評論或討論，或者評論或討論大多是負面的，那麼最好不要從該網站或賣家那裡購買。

2. 注意網站的安全性

在瀏覽任何網站時，應該查看網站的 URL，確保它是以"https"開頭的。此外，網站應該擁有有效的 SSL/TLS 證書，這可讓您的瀏覽器與網站之間的數據傳輸受到加密保護。

3. 使用安全支付方式

使用可靠的支付方式，例如使用 PayPal 等支付服務進行交易，這些支付服務通常會對買家進行保護。也可以使用信用卡支付，因為信用卡公司通常會對虛假交易進行退款。

4. 不要共享個人資料

避免在公共場合使用公共 Wi-Fi 網絡進行交易，這可能會讓您的個人資料容易被黑客入侵。此外，在進行交易時不要共享過多的個人資料，例如社會安全號碼、銀行帳戶號碼、身分證號碼等。

5. 監控帳戶

經常查看您的銀行帳戶、支付服務帳戶和信用卡帳戶，及時發現任何異常交易。

6. 當心陌生的電子郵件和短信

不要點擊來自未知寄件人的電子郵件和短信中的鏈接，因為它們可能是釣魚攻擊或惡意軟件。

保持警覺、使用安全的支付方式、保護個人資料、檢查網站的安全性和可靠性，都是防範網路交易詐騙的重要措施。

9.5 資訊素養

資訊素養是現代人有效選擇、尋找、評估、運用網路上資源的能力。然而資訊能力除了帶來建設性的知識，也要避免網路霸凌、詐欺、冒名、侵權、不正常牟利與注重禮節等面向。在資訊倫理和資訊安全意識的指導下，資訊素養可以包括以下幾個方面：

1. 資訊倫理

了解資訊使用的道德、法律和社會問題，以及如何遵守這些規範，並且懂得欣賞資訊科技的價值。

2. 資訊安全

了解如何保護自己的電腦和數據免受病毒、駭客和其他威脅的攻擊。

3. 資訊搜尋和評估

能夠有效地使用搜尋引擎和其他資源，並評估資訊的可靠性和可信度，以便作出明智的決策。

4. 資訊管理和組織

了解如何管理和組織電子文件、電子郵件和其他數字資源，以便能夠有效地存儲、查找和使用這些資訊。

5. 數字隱私和安全

了解如何保護個人隱私和安全，包括如何保護個人資訊和隱私，並避免在線詐騙和釣魚攻擊。

6. 數位創新

了解新興技術如人工智能、區塊鏈和物聯網等，以及它們如何影響社會和企業，並能夠在其中發揮積極的作用。

7. 遵循法律與風俗

了解國內的個人資料保護法，了解接觸的國家地區風俗、人文特色、社會禁忌，在網路世界行走要注意網路禮節與各地緣文化的忌諱用語，尊重他人並坦誠溝通。

資訊倫理和資訊安全意識是資訊素養的核心基礎，對於保障個人和組織的數字安全和隱私、提高資訊技術的使用效益、以及推動社會的信息化發展都具有重要的意義。

9.6 結　論

　　在現今資訊網路極度發展的社會中，資訊網路似乎可以因為快速的資訊傳遞與廣闊的資訊獲取管道，加上產業創新的發展，讓人們在社會各階層之間更容易晉升；科技新貴並不罕見、城鄉數位落差可以縮小。又由於網路社會的隱密性，可以允許許多匿名表達意見，造成個人思維與意向勇於被表達，也造成了網路言論百花齊放創新爆發，網路空間人人有一席之地的感覺。但事實上網路上每個人的資源、能力、意向、與聲量表達差異頗大，更由於網路上政治、經濟勢力爭奪激烈，資本家、強勢組織等等，無不使出機端手段宰制資訊網路世界。

　　顯而易見，自由網路空間的活動所引起的誤用與濫用而造成的網路倫理問題，將會消蝕網路社群相互信任的連結運作機制，鬆動網路社群的建構基礎。然而，若針對網路倫理問題採取「有效對策」，則勢必要對網民在網路社群中的自由權加以設限（例如：實名認證機制、防火牆設施等等），如此一來，雖然可以解決部分的倫理問題，但是，這樣的作法事實上是危害網路社群珍貴的通暢表達傳遞特質，妨害網民擁有的近乎完全自由的無限制空間。一方面網路自由是維護使用者在網路上發表言論、瀏覽網頁、分享資訊的自由，而另一方面網路倫理是指使用者在網路上應該遵守的基本道德規範。

　　尋求解決網路社群倫理問題之道的關鍵，基本上是尋找一個適當的平衡點。為了在這兩者之間取得平衡，我們應該採取以下措施：

1. 增強網路倫理教育

　　提高使用者對網路倫理的認識和理解，鼓勵他們自主遵守網路倫理，培養使用者的道德素養。

2. 設立法律規範

　　制定網路相關法律法規，明確規定網路上言論、交流、分享等行為的法律界限，並依法懲治網路不當言論、行為。

3. 強化技術手段

　　發展網路監管技術，實現對網路不當言論、行為的監控和管理，並保護網路使用者的隱私和安全。

4. 鼓勵社會自律

　　加強社會自律，形成社會良好風尚，推動網路使用者自發遵守網路倫理。

　　在網路自由和網路倫理之間取得平衡，需要政府、企業、社會、個人多方努力，共同推進網路發展，實現網路健康有序發展。

MEMO

編著・張家維、蔣和家、古煥文

10
CHAPTER

職業安全與衛生倫理

Engineering
Ethics

本章導讀

　　職業安全衛生的教科書至少有上百本，告訴工程師如何養成好習慣，不要輕忽職場所帶來的意外災害。風險評估與施工前的瞻前顧後，考慮周詳，以免發生如人孔蓋施工過程中，發生路過該路段的騎士不慎墜落的意外，那就是工程倫理未能落實到日常施工的後果，令人十分扼腕。

　　何謂職安？何謂公安？兩者有何差異，大致上來說工安是因為防止職業災害，保障工程師及勞工安全與健康，特別制定出的法規資料庫；而公安是由於有危害公共場所等…危害眾人而制定的法規。

 工業安全衛生緒論

　　《職業安全衛生法》（前身為《勞工安全衛生法》）立法的開始是因為民國 61 年臺北飛歌公司與高雄加工出口區的工廠與民國 63 年基隆造船廠發生重大勞安衛生傷害，政府因而對工業安全衛生議題重視，因此立法目的，就為了規範雇主預防職業災害，保障勞動工作者安全健康與良好衛生條件。

　　《職業安全衛生法》，民國 63 年制定，公布迄今已修正多次，於民國 102 年從指定行業擴大到適用於所有行業，包括自營者及其他受工作場所負責人監督從事勞動之人員，並增訂及修正了許多法規和合宜措施。

10.2　安全衛生法規大鋼

　　1769 年工業革命在世界發生，從勞工內部手工勞動轉而以動力機器生產，勞工所面臨的職業傷害也成為國際上所必須面對的重大問題。國內職業災害造成勞工疾病、傷害、殘廢及死亡外，也導致事業單位財產、設備等重大損失及災害處理上之精神負擔。維護勞工生命安全，持續加強勞動檢查及提高勞工安全衛生意識，將成為各產業及政府致力於職災預防的重要工作。

　　飛歌事件，臺灣的這起職業災害事故，就是美商臺灣飛歌電子公司設址臺北縣淡水鎮竹圍里（現今新北市淡水區竹圍里）的工廠，在 1972 年接連發生女工中毒死亡案例。事後調查發現，該工廠使用劇毒物質作為除汙劑，工廠又沒有裝置適當的通風措施，導致多名女工吸入過多有毒溶劑之

　　揮發氣體，引起肝中毒死亡。這案例經媒體揭露後，引發輿論十分關注，立法院於事故的兩年後（即 1974 年）通過《勞工安全衛生法》，以早期保護勞工在工作時的身心健康。

◎ 職業安全衛生法施行歷程

1. 民國 73 年公布《勞動基準法》訂出各項勞動條件基準。

2. 民國 76 年成立勞動專責機構「勞工委員會」 協調勞資糾紛、並保障勞工權益。

3. 民國 80 年修正公布《勞工安全衛生法》適用範圍增廣面條文，加重雇主建構安全衛生的工作環境，使更多的勞工受到《勞工安全衛生法》之保護，推動事業單位的安全衛生工作積極展開。

4. 民國 82 年公布《勞動檢查法》勞動檢查工作落實並貫徹勞動相關法律執行。

5. 民國 102 年 6 月 18 日立法院第 8 屆第 3 會期三讀通過。

6. 民國 102 年 7 月 3 日總統華總一義字第 10200127211 號令修正公布名稱全文共 55 條。

7. 民國 103 年 2 月 17 日更改名稱為勞動部

8. 民國 102 年 7 月 3 日修正後公布《勞工安全衛生法》名稱修正為《職業安全衛生法》，全文修正如 10.3 小節所描述。

10.3 職業安全衛生相關法令

一、《職業安全衛生法》各章重點

第一章 總則(1~5)

目的、名詞定義、主管機關、適用範圍、一般責任。

第二章 安全衛生設施(6~22)

安全衛生設備及措施、機械器具設備源頭管理及型式驗證、危害性之化學品分類標示及通識與分級管理、新化學物質源頭登錄、作業環境監測、甲類定期危評介紹、危險性機械或設備檢查、建築物依設計、立即發生危險之退避、特殊危害作業、休息保護、體格檢查及健康檢查分級管理、健康服務制度等。

第三章 安全衛生管理(23~34)

安全衛生管理、承攬管理、青少年及女性保護、教育訓練、安衛守則等。

第四章　監督與檢查(35~39)

　　職業安全衛生諮詢會、檢查、停工、協助及顧問服務機構輔導、職業災害之調查、通報、統計及公布、工作者申訴及調查等構。

第五章　罰則(40~49)

　　刑罰：1 及 3 年或 18 及 30 萬罰金。

　　罰鍰：製造、輸入及供應者及雇主 3~300 萬。

　　其他類型：限期改善、按次處罰、沒入、撤銷或廢止、公布名稱及姓名等。

第六章　附則(50~55)

　　促進安衛文化發展、機關推動安衛之評核、自營作業者準用、工作場所負責人指揮或監督從事勞動之人員 之比照適用、業務委託、規費及施行等。

二、立法目的

第 1 條　　為防止職業災害，保障工作者安全及健康，特制定本法；其他法律有特別規定者，從其規定。

第 5 條　　雇主使勞工從事工作，應在合理可行範圍內，採取必要之預防設備或措施，使勞工免於發生職業災害。

　　　　　機械、設備、器具、原料、材料等物件之設計、製造或輸入者及工程之設計或施工者，應於設計、製造、輸入或施工規劃階段實施風險評估，致力防止此等物件於使用或工程施工時，發生職業災害。

　　幾下幾點注意：

1. 運轉或操作程序或方法，各項操作都必須建立管理階層的領導。

2. 工作及程序標準應明確詳盡

3. 包括勞工教育訓練及監督責任等。

4. 建立設計規範及品質控制評估標準等，且需嚴格執行。

5. 採購規範應考量消費品的危害可能。

三、檢查重點及相關法令

1. 職業安全衛生法與施行細則。

2. 勞動檢查法與職業安全衛生管理辦法。

3. 職業安全衛生教育訓練規則。

4. 營造安全衛生設施標準。

5. 危險性機械與設備。

6. 化學性傷害之法令規定。

7. 作業環境安全規定。

四、雇主對下列事項應有符合規定之必要安全衛生設備及措施

1. 防止機械、設備或器具等引起之危害。

2. 防止爆炸性或發火性等物質引起之危害。

3. 防止電、熱或其他之能引起之危害。

4. 防止採石、採掘、裝卸、搬運、堆積或採伐等作業中引起之危害。

5. 防止有墜落、物體飛落或崩塌等之虞之作業場所引起之危害。

6. 防止高壓氣體引起之危害。

7. 防止原料、材料、氣體、蒸氣、粉塵、溶劑、化學品、含毒性物質或缺氧空氣等引起之危害。

8. 防止輻射、高溫、低溫、超音波、噪音、振動或異常氣壓等引起之危害。

9. 防止監視儀表或精密作業等引起之危害。

10. 防止廢氣、廢液或殘渣等廢棄物引起之危害。

11. 防止水患、風災或火災等引起之危害。

12. 防止動物、植物或微生物等引起之危害。

13. 防止通道、地板或階梯等引起之危害。

14. 防止未採取充足通風、採光、照明、保溫或防濕等引起之危害。

五、雇主對下列事項，應妥為規劃及採取必要之安全衛生措施

1. 重複性作業等促發肌肉骨骼疾病之預防。

2. 輪班、夜間工作、長時間工作等異常工作負荷促發疾病之預防。

3. 執行職務因他人行為遭受身體或精神不法侵害之預防。

4. 避難、急救、休息或其他為保護勞工身心健康之事項。

六、安全衛生組織之設置

　　必須具備安全評估、制度規劃、計畫訂定、參與諮商、責任分工、指揮執行、教育訓練、績效考核督導等多元功能。

1. 各級人員之職責事前規劃並做分工，使推動工作有明確方向。

2. 透過職業安全衛生組織的協調溝通。

3. 有效運作職業安全衛生組織。

4. 落實事業單位之自主管理，以達成職業零災害，促進生產之目標。

七、職業安全衛生法實施重點

1. 適用對象擴及所有勞工。

2. 強化勞工身心健康保護。

3. 勞工遇有立即危險之退避權。

4. 重大職業災害通報範圍擴大時限縮短；及明定連帶賠償責任及勞工代表會同職業災害調查之權利等。

　　勞工遇有立即危險之退避權、承攬管理，明定連帶賠償責任、重大職業災害通報範圍及規定、勞工作業之健康安全防護規定。

勞工安全衛生組織管理及自動檢查辦法

　　雇主應依其事業之規模、性質，設置安全衛生組織及人員，建立職業安全衛生管理系統，透過規劃、實施、評估及改善措施等管理功能，實現安全衛生管理目標，提升安全衛生管理水準。事業單位應依下列規定設職業安全衛生管理單位（以下簡稱管理單位）：

1. 第一類事業之事業單位勞工人數在一百人以上者，應設直接隸屬雇主之專責一級管理單位。

2. 第二類事業勞工人數在三百人以上者，應設直接隸屬雇主之一級管理單位。

◎ 自動檢查辦法

　　對工廠內各項設備各單位主管必須率相關人員依照職業安全衛生組織管理及自動檢查辦法有關規定，實施定期檢查、重點檢查、檢點、維護與保養。

　　檢查方式區分為定期檢查、重點檢查、作業檢點等，由使用單位及安全衛生管理室會同訂定後依計劃實施。

　　各項檢查須詳細記錄，一份由使用單位存留，一份送安全衛生管理課室備查，自動檢查紀錄包括下列各要項：

1. 檢查年月日。

2. 檢查方法。

3. 檢查部分。

4. 檢查結果。

5. 實施檢查者姓名。

6. 依檢查結果應採取改善措施之內容。

　　對列管之危險性機械、設備，必須依法辦理竣工（或使用前）檢查及定期檢查， 檢查合格證公告並影印送勞工安全衛生室備查。

◎ 自動檢查分類

1. 定期檢查：機械設備之定期檢查。

2. 重點檢查：機械設備設置完成開始使用前、拆卸、改裝、修理，就某部位實施。

3. 作業檢點：就作業措施實施檢點。

　　機械、設備之作業檢點是指對機械設備之每日作業前、使用前或使用終了實施檢點。

10.5　工業安全與衛生電氣安全　

　　隨著產業結構與工作型態的不斷演變，人口老化問題、心血管疾病、精神與心理壓力增加及肌肉骨骼損傷等職業相關疾病不斷的增加，職場健康與安全問題日漸受到重視已有大幅度改變，職業健康服務需求愈發重要。維護勞動權益的重要及提升企業與勞工的競爭能力，職場勞工健康服務，保障身心健康係為重要之工作。

◎ 相關法令

1. 《勞動基準法》

2. 《職業安全衛生法》第 6 條第 2 項（勞工身心健康保護）

3. 《職業安全衛生法》第 29~31 條（未滿 18 歲勞工及母性健康危害保護）

4. 《職業安全衛生設施規則》（第 324-1~324-3 條）

5. 《職業安全法衛生施行規則》（第 9~11 條）

6. 《勞工健康保護規則》（第 9~12 條）

7. 《女性勞工母性健康保護實施辦法》

8. 《性別工作平等法》

9. 〈異常工作負荷促進疾病預防指引〉

10. 〈人因性危害預防計畫指引〉

11. 〈執行職務遭受不法侵害預防指引〉

12. 〈工作場所母性健康保護技術指引〉

　　維持工作者安全衛生設備與措施之標準及規則，由中央主管機關定之。

　　接受檢查之對象還有其作業經歷、項目、期間、健康管理等分級項目、檢查紀錄存檔與保存期限，皆有規範及其他應遵行事項之規定，並且由中央主管機關定之。

　　其他有關健康管理措施、檢查手冊內容及其他應遵行事項之規則，則由中央主管機關定之。

　　有關從事勞工健康服務之醫護人員資格、勞工健康保護及其他應遵行事項之規則，亦由中央主管機關訂定之。

10.6　案例簡介與探討

　　職災案例種類非常多，以下試舉一例來加以說明其發生原因，期能對於災害之預防，提供良好之對應策略。

一、行業種類：冷凍、空調及管道工程類別(4332)

二、災害類型：墜落相關(01)

三、媒介物：樓梯衍生之傷害(413)

四、罹災情形：勞工死亡1人。

五、災害發生經過敘述如下：

　　據呂員陳述災害發生經過，罹災那一天（民國110年9月15日）當天上午9時多，罹災者與呂先生從大門進入工地現場，呂員當時操作小推車，載有保冷箱、工具與材料等，罹災人員扛著設備，走到旋轉樓梯處的護欄前面，想把材料及工具搬至地下1樓作業，罹災人員扛著牙條從B1攀爬護欄到旋轉樓梯處，呂員在護欄旁則操作保冷箱搬到旋轉樓梯，工具放在護欄的附近，不到十秒的時間，呂員聽到巨大響聲，呂員從旋轉樓梯趕到地下1樓，看到罹災者倒在地面，安全帽掉落罹災者旁邊，經救護車送醫急救至醫院，民國110年9月18日不治，因公殉職。另據肇災當天在地上1樓旋轉樓梯護欄附近之葉員陳述，有看到罹災者跨過護欄，之後就聽到碰一聲…等等的話語。

六、災害可能原因分析如下：

1. 直接的原因：自地上1樓跨越開口之護欄位置至旋轉樓梯開口處，墜落到B1地面。

2. 間接之原因：有不安全行為進行：跨越1樓開口處護欄、造成遺憾。

不安全狀況：

(1) 進入營造工地，未正確使用安全帽之穿戴。

(2) 旋轉樓梯開口位置未設立護欄或安全網來加以防護。

(3) 意外造成的基本原因：

　　A. 未落實承攬管理事務（指導協助承攬人安全衛生教育工作沒有完善）。

　　B. 未落實職業安全衛生管理事宜（自動檢查事務、職業安全衛生相關管理計畫等沒有完備）

　　C. 勞工安全衛生教育訓練沒有落實。

　　D. 勞工危害意識教育有不足之處。

七、如何能將災害防止，加強改善的策略：

1. 雇主應該要對於高度 2 公尺以上之屋頂、鋼樑、開口處、階梯等、樓梯間與樓梯、坡道、工作臺、與擋土牆、擋土支撐處、施工構臺、橋樑墩柱處及橋樑上部結構處、橋臺設備等場所之作業，勞工或有遭受墜落危險之可能者，應在該處設置護欄設備、保護器具或安全網等防護措施與設施。（參照《營造安全衛生設施標準》第 19 條第 1 項暨《職業安全衛生法》第 6 條第 1 項來辦理）

2. 雇主對於進入營繕工程等工作場所的作業人員，應該提供適當安全帽設備，並要教會使其正確戴用的 SOP。（《營造安全衛生設施標準》第 11-1 條）

10.7　職業安全衛生專業倫理

10.7.1　何謂職業安全衛生專業倫理？

倫理在「關係」中開始，彼此互動中所展現意義，才會在各種關係互動中開展善意的彼此。專業倫理就是「在某種專業領域工作時，應該要具備的道德規範」。包含價值標準，與互動法律規範善良行為決定與選擇正確法律規範下的行為。

1. 專業倫理可分四大領域

(1)規範層面、(2)專業知能、(3)法律的層面、(4)價值領域。

2. 專業倫理守則的目的

各專業團體或職業團體可以向社會大眾揭示其成立要旨及服務理念。讓組織內同仁及組織外同業，執業或與服務對象互動時，有規範可遵循，與服務對象達成良好互動。教育社會大眾必須尊重專業及對該領域之專業更加了解。為各專業團體或職業團體，擴大服務的對象。

3.兼顧社會正義還有專業倫理誠信

不可能為了人權傷害公益，也不能為了公益傷害人權，人權與公益間必須平衡，維護每個人的基本人權。

4. 最基本專業倫理與道德即為誠信

誠信原則乃是專業倫理，係由個人乃至於整體個體所呈現出來的形象，個人在整體內的展現，除了充實專業知識外，還需要一棵赤誠的心與信實的作為，如此才能提供令被保留服務對象信賴的服務內涵。

5. 隱私權也須注重與誠信原則的平衡

(1) 所謂隱私權

私人範圍，不受群體約束知權利，包括私生活的保障，個人居住通訊的自由需加以保障，並且不受干擾；姓名與肖像確保不受竊用，與公眾無關之私生活不得隨意加以公開，不實形象的資料公開而使得利益遭受侵害是不被允許的行為。

(2) 隱私權與專業倫理

「隱私的尊重與保護」在專業倫理的基本原則中是非常重要的一項原則，在各專業領域中均受到相當保護。

法律對隱私權的保障，只能在當事人受到侵害時，有途徑可以尋求救濟，這是消極的保障，積極對隱私權的維護，在日常社會生活中落實，「尊重隱私權」的理念。

(3) 隱私權與保密原則的應用

保密是指對有關資料和對已獲得的資訊取得途徑的保護。

保密原則的應用與重要性，除了維護個人的隱私權與團體的利益與機密之外；更重要的是保密維繫了個人與團體之間彼此的信任的關係，如果違反保密原則和隱私權一樣，亦可透過法律找尋救濟途徑。對於隱私與機密的保障與維護，必須在不違反公益良俗的條件下，加以遵守。

10.7.2 雇主與受雇的專業人員互動要領

1. 雇主對專業人員應做到

信守承諾、要有誠信、不能做出不道德的事宜，也不得超出員工的能力與專長，並支持員工參加專業培訓，與專業知識的更上一層樓。

自主安全衛生管理的勞工意識抬頭了！勞工參與已經納入衛生管理系統的要求評估工作，相關工作包括參與建立危害辨識與風險評估的工

作，需具有企業倫理特色，有助於勞工對企業從事有害身心健康的過程進行監督與督查知能力。

2. 營造工作安全的倫理議題

營造業是一個特殊產業環境，勞動密集、層層轉包、工作涉及勞工安全與衛生還有危害身心健康的可能性，尤其是趕工程的時候，最容易造成事故了。所以營造業勞工是為容易受傷害的勞工族群。

10.7.3 意外事故實例

避免意外事故的發生，企業應該要提升職場安全、降低環境對損害正確的方向，有些係屬於倫理問題造成的，有些則為技術問題導致重大的事故，以下四大領域的事件，為知名的意外事故：

1. 太空梭之事故

(1) 1986 年挑戰者太空梭爆炸。

(2) 2003 哥倫比亞太空梭爆炸。

2. 環境的重大公害事件

(1) 1979 年三哩島事件。

(2) 1980 車諾比核事件。

(3) 2011 年日本福島核電廠事故。

3. 建築的領域

(1) 1999 年東星大樓倒塌事故。

(2) 2010 年馬頭圍道唐樓倒塌事故。

(3) 2016 年維冠金龍大樓倒塌事故。

4. 飛航事故

(1) 1985 年日本航空 123 號班機事故。

(2) 2003 年中華航空 611 號航班事故。

(3) 2005 年突尼西亞國際航空 1153 號航班空難。

MEMO

編著・賴安國

11
CHAPTER

工程倫理
（智慧財產權篇）

Engineering
Ethics

本章導讀

　　智慧財產權包括：專利權、著作權、商標權…等等。專利工程師、商標專案工程師都是很值得涉入的專門領域。

　　本章重點如下：

1. 跨領域專家知識的啟蒙。

2. 尋找專家，尋找法律專業的人諮詢，勿輕易誤蹈法網。

3. 記得「有著作權侵害必遭追究」。

11.1 智慧財產權概述

　　「智慧財產權」(Intellectual Property Rights，簡稱 IPR)，就一般觀點，其意義泛指一切研究成果或其他原創的概念，不論是否符合法律保護的要件。若由法律之觀點來看，所謂智慧財產權，則僅指可由權利人行使法律權能，並受法律保護之人類智慧與辛勤創造之結晶（馮震宇，1995），而規範智慧財產權的法律如專利法、著作權法與商標法等則總稱為智慧財產權法。

　　智慧財產權的內容因各國法律規範而有不同範圍，為促進智慧財產權之保護，世界各國乃藉由各種國際條約來達成共識。依 1967 年「成立世界智慧財產權組織公約」(Convention Establishing the World Intellectual Property Organization)第 2 條第 8 款規定，「智慧財產權」之概念包括與下列事項有關的權利：1.文學、藝術及科學之著作；2.演藝人員之演出、錄音物以及廣播（即學理上所稱之著作鄰接權）；3.人類之任何發明；4.科學上之發現；5.產業上之新型及設計；6.製造標章、商業標章及服務標章，

以及商業名稱與營業標記；7.不公平競爭之防止；8.其他在產業、科學、文學及藝術領域中，由精神活動所產生之權利。

此外，「世界貿易組織」(World Trade Organization)「與貿易有關之智慧財產權協定」(Agreement on Trade- Related Aspect of Intellectual Property Rights, TRIPS)界定之「智慧財產權」概念則包括：1.著作權及相關權利；2.商標；3.產地標示；4.工業設計；5.專利；6.積體電路之電路布局；7.未公開資訊之保護；8.對授權契約中違反競爭行為之管理。

智慧財產權包括兩方面的保護，一方面是「人類運用精神力創作成果」，主要是專利與著作權。而此類智慧財產權之所以必須透過法律賦予財產權之保障，乃因其具有經濟學上所稱之「公共財」(public goods)性質，而有賦予不同於有體財產保護必要，以解決由此而生之市場失靈現象。

公共財是相對於私有財而言的，私有財具備獨享(rival)以及可排他(exclusive)特性，公共財則是指具有共享(nonrival)及無排他性(nonexclusive)之物品及勞務。共享是指可以讓多人共用而不損及其中任何人的效用；無排他性是指很難禁止他人不付代價坐享其成。公共財之共享與無排他兩項特性，對於市場機能在能達成最大經濟效率方面的功能，構成了嚴重的障礙，由於無排他性的緣故，產生了搭便車(free rider)的問題，未付費者亦能使用公共財之利益，在此情形下，願意支付對價之使用者甚少，生產者無從回收其價值。又因共享性，市場總需求並非個人需求之加總，單一供給量可滿足多數需求者，從而使得自由市場的產量偏低（張清溪，1995）。

一般而言，物品多因使用而消耗致使他人無法再使用，例如餐點食用後即不存在，他人不可能再食用。但智慧財產則不同，智慧財產一旦產生、存在，不同的人可以同時同地或異時異地或同地分別使用，此即智慧財產之共享性。另外，智慧財產很難且幾乎不可能禁止未付費的人使用，若以智慧財產為商品，則在銷售時不免須讓客戶檢驗其內容，然一經檢驗，則可能無購買之必要。由於共享與無排他性質，著作人或發明者無法將其作

品行銷於市場之上，未能從其智慧財產之生產中獲得經濟利益，其創作發明之誘因受到抑制，就市場經濟之觀點，此時乃產生智慧財產供應意願低落、供應種類較少之問題。

解決智慧財產因其公共財性質而生之供給意願較低的問題，可能之途徑有二，一是由法律手段將公共財化為私有財，二是以政府為公共財之供給者，而政府之成本可由全民之稅收支付（蔡英文，1991）。由於智慧財產並不像國防這種公共財，乃專屬於特定國家人民所共同享受，他國人民亦能享受本國人民運用精神力創作成果，故以政府為供給者並非妥適，是以世界各國皆透過法律之規範，賦予智慧財產權之保護。透過賦予發明人、創作人相關之智慧財產權如專利權或著作權等，保障其獲得一定之財產上之利益，以經濟上之誘因，鼓勵社會資源投入創造發明，促進發明或創作之動機，解決因無排他性或共享性等特徵，產生之價值相對偏低與產量不足之問題。

透過智慧財產權法之保護，智慧財產權之公共財性質獲得緩和，發明人與創作者因其精神創作成果受有智慧財產權之保護，不僅較願意從事研究發展工作，也較樂於將其創作成果公開於市場之上，蓋其得透過移轉或授權契約之運用，得將智慧財產作商業之運用，並因此獲取經濟上之利益。換言之，在智慧財產權法保護下，智慧財產得以成為市場流通之商品，發明人或創作人可以藉此取得經濟上之利益，除保障其繼續從事發明創作之經濟能力外，亦激發潛在之發明人、創作者投入創新研發之誘因。

保護人類精神創作成果之智慧財產權法主要是著作權法與專利法。就二者保護之標的觀之，著作權法保護的是「表達」而非「思想」，即著作權存在於著作的表達方式，而不是所表達的內容上。而專利法所保護者為「技術思想」。另外，相較於專利權強調產業利用性，著作權之保護則帶有文化上之意涵。然而，儘管二者保護對象有所不同，但基本上，二者保護之經濟因素皆在於克服前述價值相對偏低與生產意願不足的問題，透過對人類精神力創作成果之賦予財產權之保護，激發創作、發明之誘因。

除了「人類運用精神力創作成果」之保護，智慧財產權法亦有「產業
正當競爭秩序」保障之思考，法律賦予此類智慧財產之原因並不在於解決
前述市場失靈現象，而在於維護正當競爭秩序，屬不正競爭法之一環，主
要是商標權與營業秘密之保護。

　　《商標法》所保護的是標識是得以與他人相區別之商品或服務或標
識，所重視者在於區別力之有無，至於該標識是否為精神創作並非所問，
其所保護之對象在於該標識與他人之標識之區別性，以及消費者對該標識
之認知，消費者有無被混淆之虞（謝銘洋，2003）。商標具有區別、表彰
來源、廣告、品質保證之功能（謝銘洋，2002），消費者為交易決定時，
極可能因信賴該標識背後所代表之商品價值而為交易決定，若事業不從事
產銷效率及產品、服務之品質之改進，反而仿冒、剽竊他人之商標，從而
榨取他人辛苦經營之成果，藉此獲得高額利潤，則與市場公平競爭之理念
相違背，故有賦予商標法律保護之必要。

　　營業秘密是指具有秘密性且有實際或潛在價值之資訊，該資訊可能是
方法、技術、製程、配方、程式等技術性資訊或其他可用於生產、銷售或
經營之商業性資訊。營業秘密所禁止者係以不正當方法來獲取他人的營業
秘密，就效能競爭之觀點來看，若事業不思產銷效率及產品、服務之品質
之改進，而以不正當方法來獲取他人的營業秘密，並藉以獲取商業利益，
則亦具商業倫理非難性，並與市場公平競爭之理念相違背。除了維護正當
競爭秩序外，營業秘密保護是否兼具有鼓勵研發創新之目的？論者有從我
國《營業秘密法》第 10 條關於營業秘密侵害行為規範，未以「破壞競爭
秩序」作為其要件，及營業秘密創新經常與技術創新或商業努力有關為
由，認為我國營業祕密法之立法目的亦兼具鼓勵產業投資與研發創新之意
義（賴文智，2004）。

11.2 專利權

專利權係指發明人或創作人將其研發成果向經濟部智慧財產局申請，經過審查認為符合專利法規定之要件，而賦予之權利。依我國專利法規定，專利可分為發明、新型、設計專利，三者之定義、保護年限及審查方式略有不同。

類　別	發　明	新　型	設　計
定義	依《專利法》第 21 條規定「發明，指利用自然法則之技術思想之創作。」之意旨，可定義發明係利用自然法則所產生的技術思想，表現在物或方法或物的用途上者（IPO 網站）。	依《專利法》第 104 條規定「新型，指利用自然法則之技術思想，對物品之形狀、構造或組合之創作。」之意旨，可定義新型係利用自然法則所產生的技術思想，表現在物品之形狀、構造或裝置上有所創新，並能產生某一新作用或增進功效（IPO 網站）。	依《專利法》第 121 條第 1 項規定「設計，指對物品之全部或部分之形狀、花紋、色彩或其結合，透過視覺訴求之創作。」之意旨，可定義設計係利用物品之形狀、花紋、色彩或其結合，提升物品之質感、親和性、高價值感之視覺效果表達，以增進商品競爭力及使用上視覺之舒適性（IPO 網站）。
專利期間	20 年	10 年	12 年
審查方式	申請後 18 個月公開，3 年內申請實體審查。	形式審查後，應作成處分書送達申請人。但行使專利權時，應提示新型技術報告書。	申請後即為實體審查
舉例	手機提高收訊品質之方法	手機之結構	手機外殼之流線型、色彩設計

一般而言，專利申請權是屬於發明人或創作人所有，但在僱傭關係或是出資聘請他人從事研究開發的情況下，因為雇主或是出資人有提供資源、給付報酬予發明人或創作人，故對於研發之成果歸屬則會有所爭議。為解決爭議，《專利法》第 7 條、第 8 條乃就僱傭關係或出資聘人研發之專利歸屬有所規定。

　　首先，就受雇人之發明創作，專利法將之區別為「職務上所完成」與「非職務上所完成」。其中，受雇人「職務上所完成」技術之專利權與專利申請權屬於雇用人；反之，受雇人「非職務上所完成」之技術，因與其本身所執行之職務無關，則歸屬於受雇人。但，考量到受雇人在僱傭關係下完成之發明，雖然與職務無關，卻可能有利用到雇用人的資源或經驗，在此情況下，完全不准雇用人使用該技術，似乎也不盡公平，因此專利法另規定，對於受雇人「非職務上所完成」之技術，若有利用雇用人資源或經驗研發的情況，則雇用人得在支付合理報酬後，在該事業實施其專利。

　　至於出資聘請他人從事研究開發的情形，依專利法之規定，倘若雙方有約定專利歸屬，則依照雙方約定之內容，若未有約定，則研發成果係歸屬於發明人或創作人。當然，出資人出資聘人研發，如果完全不能實施研發成果，顯然也是不公平，故專利法亦規定在專利權歸屬於發明人或創作人時，出資人得實施該專利，而無須取得發明人或創作人同意。

　　專利權取得後之效力，在於排除他人未經其同意而製造、為販賣之要約、販賣、使用或為上述目的而進口專利物品之權利，即任何人除專利法另有規定之情況外，非經專利權人同意皆不得為上述行為，即便其使用之技術為獨立之發明、創作亦同。

　　自民國 92 年修正《專利法》以後，侵害專利權已無刑事責任，而僅有民事賠償責任，專利權人得依法請求損害賠償，並可就下列 3 計算方式擇一計算其損害：1.依《民法》第 216 條規定填補所受損害及所失利益，但不能提供證據方法以證明其損害時，專利權人得就其實施專利權通常所可獲得之利益，減除受害後實施同一專利權所得之利益，以其差額為所受

損害；2.依侵害人因侵害行為所得之利益；3.依授權實施該發明專利所得收取之合理權利金為基礎計算損害。

11.3 著作權

在人類社會裡，文明的發展與延續，必須藉由許多人的發明、創作才能完成。精神方面的創作，尤其是文學、科學、藝術或其他學術領域的作品更是文明資產的一部分，我們稱他們為著作，為了保障這些著作創作者的權益，由國家制定法律予以保護，法律所規定的這些權利，就叫做著作權。

著作權法所稱的「著作」，指屬於文學、科學、藝術或其他學術範圍的創作，依著作權法相關規定分析，至少有十類（註1）：

1. 語文著作：包括詩、詞、散文、小說、劇本、學術論述、演講及其他之語文著作。

2. 音樂著作：包括曲譜、歌詞及其他之音樂著作。

3. 戲劇、舞蹈著作：包括舞蹈、默劇、歌劇、話劇及其他之戲劇、舞蹈著作。

4. 美術著作：包括繪畫、版畫、漫畫、連環圖（卡通）、素描、法書（書法）、字型繪畫、雕塑、美術 工藝品及其他之美術著作。

5. 攝影著作：包括照片、幻燈片及其他以攝影之製作方法所創作之著作。

6. 圖形著作：包括地圖、圖表、科技或工程設計圖及其他之圖形著作。

7. 視聽著作：包括電影、錄影、碟影、電腦螢幕上顯示之影像及其他藉機械或設備表現系列影像，不論有無附隨聲音而能附著於任何媒介物上之著作。

8. 錄音著作：包括任何藉機械或設備表現系列聲音而能附著於任何媒介物上之著作。但附隨於視聽著作之聲音不屬之。

9. 建築著作：包括建築設計圖、建築模型、建築物及其他之建築著作。

10. 電腦程式著作：包括直接或間接使電腦產生一定結果為目的所組成指令組合之著作。

　　當創作者完成一項著作時，就這項著作立即享有著作權，而受到著作權法的保護。因此著作權是在著作完成的時候立即發生的權利，也就是說著作人享有著作權，不須要經由任何程序，當然也不必登記。

　　值得注意的是，著作權保護的是「表達」而非「思想」，即著作權存在於著作的表達方式，而不及於其所表達的的思想、程序、製程、系統、操作方法、概念、原理、發現。例如：語文著作保護的是文字的敘述，但文字敘述所傳達的觀念不受著作權法的保護。且著作權法承認「平行著作」，倘著作為個別獨立創作成果，而無抄襲情事，縱使創作的內容與他人著作內容相同或相似，就其著作亦得享有著作權，而無侵害他人著作權的問題。

　　著作權包括了著作人格權與著作財產權兩個部分。著作人格權，是用來保護著作人的名譽、聲望及其人格利益的，因為和著作人的人格無法分離，所以不可以讓與或繼承。著作人格權包括有公開發表權、姓名表示權及禁止不當修改權等三種權利。著作人死亡或消滅者，關於其著作人格權之保護，視同生存或存續，任何人不得侵害。但依利用行為之性質及程度、社會之變動或其他情事可認為不違反該著作人之意思者，不構成侵害。

　　著作財產權，主要是賦予著作人即創作著作的人財產上的權利，使他獲得實質上的經濟利益，促使作者繼續從事創作活動，精進創作的質與量，豐富文化內容。著作財產權依其類別不同而分別專有重製、公開口述、公開播送、公開上映、公開演出、公開展示、改作、編輯、出租、公開傳輸、散布等不同權能。著作人為一般自然人情況下，著作財產權的保護期間存續到著作人死亡以後 50 年。倘著作人為法人，例如：公司、社團法

人等，則其著作財產權存續至其著作公開發表後 50 年，如果著作在創作完成時起算 50 年內未公開發表者，則為創作完成時起 50 年。著作種類為攝影、視聽、錄音及表演時，因此類型著作常利用一些既有的設備或著作，作者投入的心力，相對來說比較少；同時也牽涉到整個文化經濟發展的問題，不適合給予過長時間的保護，故著作財產權保護期間是存續到著作公開發表以後的 50 年；假如著作在完成後 50 年內，未曾公開發表的話，保護期間則存續到著作完成後 50 年。

類似於專利法之規定，著作權法對於在僱傭關係或是出資聘請他創作情況下之著作權歸屬，於《著作權法》第 11 條、第 12 條有所規定。即受雇人於職務上完成之著作，以該受雇人為著作人。但契約約定以雇用人為著作人者，從其約定。以受雇人為著作人者，其著作財產權歸雇用人享有。但契約約定其著作財產權歸受雇人享有者，從其約定。至於出資聘請他人完成之著作，以該受聘人為著作人。但契約約定以出資人為著作人者，從其約定。以受聘人為著作人者，其著作財產權依契約約定歸受聘人或出資人享有。未約定著作財產權之歸屬者，其著作財產權歸受聘人享有，但出資人得利用該著作。

不同於侵害專利權僅有民事責任之規定，著作權法對於侵害著作權者另有刑事處罰之規定。亦即，行為人一旦侵害著作權，將面臨司法機關之追訴、處罰，法院對於侵害著作權之行為人，依其行為態樣及犯罪情節輕重，得判處拘役、罰金或最重達 5 年之有期徒刑。至於民事賠償責任部分，著作權人則得依下列方式計算賠償數額：1.依《民法》第 216 條之規定請求。但著作權人不能證明其損害時，得以其行使權利依通常情形可得預期之利益，減除被侵害後行使同一權利所得利益之差額，為其所受損害；2.請求侵害人因侵害行為所得之利益。

11.4 營業秘密

　　依我國《營業秘密法》規定，營業秘密係指符合：1.非一般涉及該類資訊之人所知；2.因其秘密性而具有實際或潛在之經濟價值；3.所有人已採取合理之保密措施等三要件之方法、技術、製程、配方、程式、設計或其他可用於生產、銷售或經營之資訊。如果是從事相關事業之人員普遍知悉之知識，即非《營業秘密法》所保護之營業秘密，但並非要求僅有一人知悉之絕對秘密，而僅要求非一般涉及該類資訊之人所知即可，換言之，不同人主張之營業秘密可能為相同資訊。經濟價值，一般而言在於營業秘密可為持有人帶來較多之競爭優勢，而合理保護措施，常見者則包括有員工保密協議、特定資料上鎖、制定閱覽規定、電腦權限限制、文件加蓋「機密」等措施。

　　相較於專利權及著作權均有其保護期間限制，營業秘密則無此期間限制，只要營業秘密持有人持續採取合理保護措施，該等資訊又仍符合秘密性及具有經濟價值之要件，則可無限期享有營業秘密保護之利益，任何人不得侵害之。

　　營業秘密著重於避免他人以不正當手段取得營業秘密，例如以竊取、詐欺、脅迫、賄賂、擅自重製、違反保密義務或引誘他人違反保密義務等方法取得營業秘密，但對於他人以合法正當手段取得之營業秘密，例如透過還原工程了解產品之技術內容，則無法如專利權、著作權般得排除、禁止他人使用。依我國《營業秘密法》規定，侵害營業秘密之行為態樣有：

1. 以不正當方法（註2）取得營業秘密者。

2. 知悉或因重大過失而不知其為以不正當方法取得之營業秘密，而取得、使用或洩漏者。

3. 取得營業秘密後，知悉或因重大過失而不知其為以不正當方法取得之營業秘密，而使用或洩漏者。

4. 因法律行為取得營業秘密，而以不正當方法使用或洩漏者。

5. 依法令有守營業秘密之義務，而使用或無故洩漏者。

　　對於營業秘密之歸屬，《營業秘密法》同樣設有類似規定，即受雇人於職務上研究或開發之營業秘密，歸雇用人所有。但契約另有約定者，從其約定。受雇人於非職務上研究或開發之營業秘密，歸受雇人所有。但其營業秘密係利用雇用人之資源或經驗者，雇用人得於支付合理報酬後，於該事業使用其營業秘密。出資聘請他人從事研究或開發之營業秘密，其營業秘密之歸屬依契約之約定；契約未約定者，歸受聘人所有。但出資人得於業務上使用其營業秘密。茲將《專利法》、《著作權法》及《營業秘密法》就智慧財產權歸屬規定，簡單表列如下：

		專利權	著作權	營業秘密
契約已有約定		依約定	依約定	依約定
僱傭關係	職務上	雇用人	雇用人	雇用人
	非職務上	歸受雇人，但其發明、新型或設計係利用雇用人資源或經驗者，雇用人得於支付合理報酬後，於該事業實施其發明、新型或設計。	歸受雇人	歸受雇人所有，但其營業秘密係利用雇用人之資源或經驗者，雇用人得於支付合理報酬後，於該事業使用其營業秘密。
出資委聘關係		歸發明人或創作人，但出資人得實施其發明、新型或設計。	以受聘人為著作權人，但出資人得利用該著作。	歸受聘人所有。但出資人得於業務上使用其營業秘密。

以往，就營業秘密之案件，營業秘密法本身僅有民事賠償責任規定，並無刑事責任規定，而是依個案中之行為手段判斷有無另依《刑法》洩漏工商秘密罪、竊盜罪、侵占罪、背信罪、無故取得刪除變更電磁紀錄罪處罰之可能。然而，近年來，由於營業秘密案件往往有情節、損害重大但刑責卻相對輕微之情形，且考量行為主體、客體及侵害方法多有改變，該等刑法規定對於營業秘密之保護實有不足，故立法者乃於民國 103 年 1 月間，就《營業秘密法》增訂相關刑責規定，規定：意圖為自己或第三人不法之利益，或損害營業秘密所有人之利益，而有下列情形之一者，應處以刑罰：

1. 以竊取、侵占、詐術、脅迫、擅自重製或其他不正方法而取得營業秘密，或取得後進而使用、洩漏者。

2. 知悉或持有營業秘密，未經授權或逾越授權範圍而重製、使用或洩漏該營業秘密者。

3. 持有營業秘密，經營業秘密所有人告知應刪除、銷毀後，不為刪除、銷毀或隱匿該營業秘密者。

4. 明知他人知悉或持有之營業秘密有前三款所定情形，而取得、使用或洩漏者。

至於民事賠償責任部分，營業秘密法之規定與著作權法之規定大致類似。

11.5 工程倫理與智慧財產權事例分析

關於智慧財產權於工程倫理中之課題，除典型之侵害智慧財產權行為，如使用他人已取得專利之方法發明、抄襲設計圖或竊取機密資訊等違

反法律規定而亦明顯違反工程倫理之行為外，員工在舊雇主公司任職期間之研究成果歸屬，離職後得否使用之議題亦值探討，且因智慧財產權歸屬涉及有無契約另外約定、職務上或非職務研發成果等問題，而有較不明確之情形，更易引發衝突抉擇之衡量。行政院公共工程委員會編印之工程倫理手冊中編擬一「工程設計之智慧財產權及著作人格權」事例供讀者討論，並就涉及之思考要點略有說明，本文茲再借用該事例，進一步說明專利法、著作權法及營業秘密法在此事例適用情形。

編號13	事例主題	工程設計之智慧財產權及著作人格權		
分類	服務作業	■規劃　■設計　　■監造　　　　　■專案管理　■統包 □施工　□招投標　□履約團隊流程　□其他		
	適用對象	■技師　　　　■專任工程人員 □工地主任　□品質管理人員　□工程人員		
事　況　說　明				

S 工程顧問公司機電工程師：E 先生（因能力優良，獲 T 機電施工公司高薪挖角）

事由：

　　原任職於 S 工程顧問公司的 E 先生是位電機技師，他是國內頂尖大學的碩士，同時也是美國著名學府的博士，當他在 S 公司服務期間，其研發設計之交控系統獲得該年度之經濟部創新研發獎，是位不可多得的人才。

　　T 公司由於承作由 S 公司負責設計之交控系統，發現 E 先生所設計之交控系統真的是太厲害了，這麼完美的設計概念怎麼有人會想得到呢？於是就以 2 倍的年薪外加 500 張該公司的股票（現值約 2 千萬元），挖角 E 先生至該公司服務。

　　T 公司除了委請 E 先生進行交控系統的設計外，同時也發現 E 先生在 S 公司所做的其他研發同樣也是棒得不得了，所以希望 E 先生將這些理念及研發成果應用在 T 公司的其他業務中。E 先生覺得這些東西雖然是在 S 公司服務期間所研究出來的，但是 S 公司老闆認為實用性不高，並未予以採用，同時自己又是該項研究的計畫主持人，大部分的構想皆出自自己的理念，再加上同仁的執行得以完成相關成果。既然 S 公司的老闆不採用，而有關該研發的智慧財產權也沒有明確的規定，所以 E 先生認為，在 T 公司將這些理念進一步延伸發展應該是沒問題的。

思 考 要 點
1. 智慧財產權以及著作人格權之歸屬問題？
2. S 公司不採用，是不是就代表著 E 先生可以自由使用在其他研究上？
3. 以高薪挖角其他團隊之優秀人才的舉動，是否合情合理？

倫 理 守 則
2-5　工程人員應尊重他人專業與智慧財產，不得剽竊他人之工作成果。
4-1　工程人員應瞭解及遵守雇主之組織章程及工作規則。
4-2　工程人員應盡力維護雇主之權益，不得未經同意，擅自利用工作時間及雇主之資源，從事私人事務。
5-1　工程人員應秉持誠實與敬業態度，溝通與瞭解業主／客戶之需求，維護業主／客戶正當權益，並戮力完成其所交付之合理任務。
5-2　工程人員應對業主／客戶之不當指示或要求，秉持專業判斷，予以拒絕及勸導。
關連事例：
備註：

本文補充意見：

1. 就智慧財產權歸屬部分，首要確認者為 E 先生與 S 公司間有無關於智慧財產權屬之約定，而就事例事實觀之，E 先生與 S 公司間應無相關約定。

2. 確認無相關約定後，智慧財產權歸屬之問題即應依法律規定處理，而如前所述，E 先生之研發將因是否為職務上研發創作而有不同之權利歸屬狀況，依事例事實觀之，研發成果是在 E 先生任職期間所研究出，且經過 S 公司老闆判斷實用性，並有研究計畫及其他同仁參與其中，是該部分研究發明主要雖出自 E 先生之構想，但因屬 E 先生職務上之研發，如符合智慧財產權保護要件，則應由 S 公司依法取得專利申請權、著作財產權或享有《營業秘密法》保護之權益。

3. 就專利部分，專利申請權屬 S 公司所有，即便 S 公司並未以該技術申請專利，E 先生亦不得逕自將該該研發技術申請專利。惟依事例事實，S 公司顯然並未申請專利權。

4. 關於營業秘密部分，如果 S 公司已採行合理保密措施，且該研發技術仍具非一般涉及該類資訊之人所知，則即便其尚無使用 E 先生研發技術意思，該等研發資訊仍屬 S 公司營業秘密，E 先生自不應洩露或提供予 T 公司使用。

5. 著作權部分，E 先生之研發應有以語文、圖形等方式表達之著作存在，如研發工作記錄簿、研究計畫書、工程設計圖等，而該等著作之著作財產權屬 S 公司所有，故如 E 先生任意使用，則屬侵害著作財產權行為，除民事責任外，另有刑罰規定。但，值得注意的是，著作權保護的是「表達」而非「思想」，即著作權存在於著作的表達方式，而不及於其所表達的的思想、程序、製程、系統、操作方法、概念、原理、發現，故如果 E 先生並非抄襲屬 S 公司所有之著作，而是將其該研發技術之思想、概念、原理以其他表達方式呈現，則不會侵害 S 公司著作財產權。此時即發生未違法但可能有倫理考量之衝突，而陷入衝突與抉擇之情境，就此一衝突，筆者個人以為，除 S 公司權益應加以衡量外，對於 S 公司有無使用意願、有無採行合理保護措施等事項，及該技術由 T 公司使用所帶來之產業進步發展公益等情事亦應加以考量，蓋，如 S 公司在法律已賦予其取得智慧財產權保護機會，其卻不願意保障權益（申請專利、合理保密措施），則在未違反著作權法規定情況下，仍限制該研發技術之思想、概念、原理使用，似乎未必有利於社會大眾之公益。

花錢找人研發，專利歸誰？

· 實例

　　阿強是甲公司的老闆，日前出資聘請乙公司研究開發 A 技術，雙方對於研發成果之權利歸屬未作約定，研發完成後，阿強的甲公司可以將 A 技術申請專利嗎？如果阿強是指派公司內的員工阿豪負責研發，結果會不同嗎？

・ 解析

　　一般而言，專利申請權是屬於發明人或創作人所有，但在僱傭關係或是出資聘請他人從事研究開發的情況下，因為雇主或是出資人有提供資源、給付報酬予發明人或創作人，故對於研發之成果歸屬則會有所爭議。為解決爭議，《專利法》第 7 條、第 8 條乃就僱傭關係或出資聘人研發之專利歸屬有所規定。

　　首先，就受雇人之發明創作，專利法將之區別為「職務上所完成」與「非職務上所完成」。其中，受雇人「職務上所完成」技術之專利權與專利申請權屬於雇用人；反之，受雇人「非職務上所完成」之技術，因與其本身所執行之職務無關，則歸屬於受雇人。但，考量到受雇人在僱傭關係下完成之發明，雖然與職務無關，卻可能有利用到雇用人的資源或經驗，在此情況下，完全不准雇用人使用該技術，似乎也不盡公平，因此專利法另規定，對於受雇人「非職務上所完成」之技術，若有利用雇用人資源或經驗研發的情況，則雇用人得在支付合理報酬後，在該事業實施其專利。

　　至於出資聘請他人從事研究開發的情形，依專利法之規定，倘若雙方有約定專利歸屬，則依照雙方約定之內容，若未有約定，則研發成果係歸屬於發明人或創作人。當然，出資人出資聘人研發，如果完全不能實施研發成果，顯然也是不公平，故專利法亦規定在專利權歸屬於發明人或創作人時，出資人得實施該專利，而無須取得發明人或創作人同意。

　　本案例中，阿強的甲公司花錢找乙公司研發 A 技術，卻沒有約定專利歸屬，故由乙公司取得 A 技術之專利申請權及專利權，若阿強私自去申請專利，將來乙公司可以舉發撤銷。而如果阿強是指派公司員工阿豪負責研發，則 A 技術屬於阿豪「職務上所完成」之技術，專利申請權屬於甲公司所有，可由甲公司申請專利。

　　在此，茲附上「專利」之相關參考條文如下：

- **《專利法》第 7 條**

Ⅰ.受雇人於職務上所完成之發明、新型或設計，其專利申請權及專利權屬於雇用人，雇用人應支付受雇人適當之報酬。但契約另有約定者，從其約定。

Ⅱ.前項所稱職務上之發明、新型或設計，指受雇人於僱傭關係中之工作所完成之發明、新型或設計。

Ⅲ.一方出資聘請他人從事研究開發者，其專利申請權及專利權之歸屬依雙方契約約定；契約未約定者，屬於發明人、新型創作人或設計人。但出資人得實施其發明、新型或設計。

Ⅳ.依第一項、前項之規定，專利申請權及專利權歸屬於雇用人或出資人者，發明人、新型創作人或設計人享有姓名表示權。

- **《專利法》第 8 條**

Ⅰ.受雇人於非職務上所完成之發明、新型或設計，其專利申請權及專利權屬於受雇人。但其發明、新型或設計係利用雇用人資源或經驗者，雇用人得於支付合理報酬後，於該事業實施其發明、新型或設計。

Ⅱ.受雇人完成非職務上之發明、新型或設計，應即以書面通知雇用人，如有必要並應告知創作之過程。

Ⅲ.雇用人於前項書面通知到達後六個月內，未向受雇人為反對之表示者，不得主張該發明、新型或設計為職務上發明、新型或設計。

◎註　釋

註 I： 《著作權法》第 5 條第 I 項規定「本法所稱著作，例示如下」，既為「例示」規定，理論上亦保護其他類別之著作，但目前似乎尚未發現其他類別著作。

註 2： 《營業秘密法》所稱之不正當方法，係指竊盜、詐欺、脅迫、賄賂、擅自重製、違反保密義務、引誘他人違反其保密義務或其他類似方法。

編著・周世珍、陳洸鏜

12
CHAPTER

工程師的愛情倫理

Engineering
Ethics

本章導讀

　　愛情學分，是因應青年學子與時代需要所開設的課程。愛情雖然是人生寶貴的歷程，但並非人生的全部，正所謂「問世間情是何物，並不一定要人生死相許」，生命中還有許多重要的東西，諸如親情、友情、師生的情誼。傳授給工程師，建立起對生命、對友人、對己身的全然尊重與自信。在愛與被愛的過程中，都要衡量自己的合宜責任，不要做超出自己能力的承諾與贈與。送出去的禮物，是要不回來的。

　　愛情倫理、家庭倫理與專業倫理，密不可分。未來的工程師，您不可不知。

　　工程師的愛情倫理，可依其所處的不同場域，而有不同的愛情倫理需求。而與工程師生活領域最密切相關者端屬家庭與職場二者，因此在這兩個場域中的家人關係以及職場人際關係，即是工程師愛情倫理必須探討的重要課題。

 ## 12.1　家人關係

一、夫妻

1. 同居義務

　　因婚姻關係成立，夫妻須營共同生活即夫妻須互負同居之義務。此為婚姻本質上之當然效果。婚姻關係，既以人倫秩序為其基礎，故《民法》第 1001 條規定：「夫妻互負同居之義務」。而所謂「同居」，係指男女互以夫妻身分而同居之意，並非僅指男女同住在一起而已。惟縱使在同一屋簷

下，夫妻互設牆壁居住，則非同居，反之，因事而夫妻異地居性，則仍算是同居（陳棋炎，2007）。又《民法》第 1001 條但書規定：「但有不能同居之正當理由者。不在此限。」即夫妻如有不能同居之正當理由者，則可不負同居之義務。

　　所謂不能同居的正當理由，民法並無進一步具體規定，惟如(1)夫納愛妾；(2)妻納情夫；(3)有不堪同居的虐待；(4)有不治的惡疾等情形，均被認為是正當理由，得拒絕同居（註1）。至於因旅行或入獄等，而致夫妻別居者，亦屬之。

　　又大法官釋字 452 號解釋謂：「…又夫妻住所之設定與夫妻應履行同居之義務尚有不同，住所乃決定各項法律效力之中心地，非民法所定履行同居義務之唯一處所。夫妻縱未設定住所，仍應以永久共同生活為目的，而互負履行同居之義務，要屬當然。」；理由書：「…按人民有居住之自由，乃指人民有選擇其住所之自主權。住所乃決定各項法律效力之中心地，夫妻互負同居之義務，固為《民法》第 1001 條前段所明定，惟民法並未強制規定自然人應設定住所，且未明定應以住所為夫妻履行同居義務之唯一處所。是夫妻履行同居義務之處所並不以住所為限。」

　　綜上所述，《民法》雖規定夫妻有同居之義務，惟不以在夫妻住所履行同居義務為限，只要事實上有以夫妻身分同居之事實即可；而為因應夫妻就業上之需要而一段時間分居異地，則屬：有不能同居的正當理由。

　　現今教育普及，男女接受教育之機會均等，就業情況改變，男女從事各種行業之機會幾無軒輊，而夫妻各自就業之處所，未必相同（註2），此種情形，於工程師因應全球化時代之執業要求，尤屬常見，因此工程師夫妻若能互相忍讓，時刻慮及他方配偶之需要，才能經營感情和睦的婚姻生活。

2. 夫妻性自主權

　　在夫妻關係存續期間，彼此相互尊重，在平等互惠、自願自主的基礎上，同居性交享受魚水之樂，乃夫妻共同的願望，也是天經地義的事。但

若一方未能尊重他方意願與感受，也不考量他方身體是否健康，即暴力相向，用強制手段進行性交，也不是講求人權與兩性平等的現代所可所容許的。因此民法、刑法、家庭暴力防治法等，對此類性自主權的侵害均有所規範，除了承認受害者有拒絕與他方同居義務的權利之外（註3），對受害者有若干保護的作為（註4），刑法對加害者亦有處罰的相關規定（註5）。

工程師在其專業訓練上固然欠缺此類法律資訊的吸收，而在其養成過程中所面對多半是數理與精確的要求，可能忽略了人性與人權的認識，因此在工程師的愛情倫理課題上，人文素養的要求更顯得重要。

二、親子關係

兒童為權利主體

1995 年「聯合國兒童權利宣言」與 1989 年「聯合國兒童權利公約」的簽署，兒童的法律主體(legal subject)地位受到國際人權法的肯認，以兒童人權為本位的親子關係遂成為國際共識。《兒童權利公約》第 18 條規定：「簽約國應竭力使養育兒童乃父母共同責任之原則獲得認同。父母應對兒童之養育負主要責任，其基本關懷乃是子女之最佳利益(best interest of the child)。」直言之，現代法中之親權應是父母為養育子女而擁有的權利，因此親權之行使必須由子女的需求出發(needs-oriented)，而行使的結果也必須符合子女的最佳利益（施慧玲，2004）。

有鑒於兒童人權法的發展，英國學者 John Eekelaar 曾經將親權之本質定義為「duty-right（負擔義務的權利）」，從而子女僅在父母善盡保護教養的義務時方有服從親權之相對義務。英國兒童法(Children Act)更在 1989 年以「親職」(parental responsibility)取代親權，明定法律乃為協助父母善盡教養子女之親職而賦予為親者之權利與義務(parental rights and duties)。於是，親職成為親權的法律上位概念；親權不再是父母本身所享有的固有權利，其權源乃在於親職。因此即使承認親權是一種憲法所保障先於國家而存在的「原權」(Urrecht)或「自然權」(natural right)，該權利

的本質並非賦予父母對於子女的支配權力，而應是確立親權人保護教養未成年子女的義務與職責。也就是說，當代法律保護親權的目的主要在於維護核心家庭保護教養未成年子女的功能，而父母行使親權應以實踐子女最佳利益為目的（施慧玲，2004）。

我國《民法》亦承襲上述國際潮流，於第 1084 條第 2 項規定：「父母對於未成年之子女，有保護及教養之權利義務。」，因此工程師愛情倫理的家人關係項下，應強調對未成年子女的尊重，將其作為獨立的權利主體，來從事父母的保護教養工作。

三、同性伴侶關係

成立家庭暴力

現代法上婚姻乃是由習慣、道德、宗教等社會規範所承認，而由一男一女所結合之正當的、永續的男女結合關係；即在人倫秩序上能被承認為「婚姻」者始可。進而婚姻並非男女之單純的「性」關係，而係由婚姻當事人之男女所構成之夫妻共同生活體；此共同生活體，不但立即成為「家」，甚且在將來應負起保護養育其子女之義務（陳棋炎、黃宗樂、郭振恭，2007）。

我國《民法》第 980 條規定：「男女未滿 18 歲者，不得結婚。」《民法》第 985 條規定：「有配偶者，不得重婚。一人不得同時與二人以上結婚。」可見我國《民法》所承認的婚姻係以終生共同生活為其目的之一男一女之適法的結合關係，同性婚姻並未取得我國民法婚姻制度的法定地位。

但同性戀人經營共同生活的伴侶關係，卻受家庭暴力防治法以「有同居關係之家庭成員」而列入該法適用範圍（註6）。因此工程師的愛情倫理觀應與時俱進，若有經營同性伴侶的共同生活關係，彼此之間即屬家庭暴力防治法所定義的「家庭成員」，而受家庭暴力防治法的規範與保護。

12.2 職場人際關係 ⚙

一、禁止性別歧視

聯合國大會於 1948 年 12 月採行之「世界人權宣言」將婦女之權利納入人權的保護範圍，第 2 條明文規定如下：「任何人均有本宣言所宣布之一切權利與自由，不分任何種類，諸如：種族、膚色、性別、語言、宗教、政治或其他主張、國家或社會淵源、財產、出生或其他身分等。」

1979 年 12 月 18 日，聯合國大會制定「消除一切形態之婦女歧視公約」明文禁止婦女歧視(discrimination against women)，第 1 條並將婦女歧視定義為：「任何基於性別(on tne basis of sex)而為區分、排除或限制行為，意圖產生或已經產生此效果：使已婚或未婚婦女基於男女平等、人權或基本自由而在政治、經濟、社會、文化、公民或其他領域所承認、享有或行使之權益受損或喪失。」（高鳳仙，2005）

我國基於上述人權理念定有就業服務法，其第 5 條規定：「為保障國民就業機會平等，雇主對求職人或所僱用員工，不得以種族、階級、語言、思想、宗教、黨派、籍貫、出生地、性別、性傾向、年齡、婚姻、容貌、五官、身心障礙或以往工會會員身分為由，予以歧視；…」。

以往職場上婦女常居於弱勢，其所面臨的問題主要有：1.擠身於專業管理職位，脫身於傳統的男性主導地位；2.獲得與男性相同的薪資報酬；3.消除性騷擾；4.能夠享有產假，而不失去她們的工作等等。（莊立民／譯，2006）

上述有關女性所面臨的問題中，部分問題已經有些進展了，除了性騷擾問題於下段中分析外，其他關於：

1. 躋身於專業和管理職位

2003 年的 Catalyst 普查發現，女性逐漸由以前男性主導的專業和管理職主中脫穎而出。可是玻璃天花板(glass cell)效應也仍阻擋女性升遷至公司最高的管理階層。2003 年《財富》雜誌報導 500 大公司中的女性高階主管人數共計占 14%，比起 1995 年的 10%增加不少。1995 年仍有 96 家的 500 大公司沒有任用女性高階主管，到了 2003 年減少至只有 25 家公司沒有女性高階主管。1995 年則有 25%或更多女性高階主管的《財富》500 大公司只有 11 家，到了 2003 年，公司數增加至 50 家。所以，有大部分的(89%)《財富》500 大公司都有至少一位女性高階主管（莊立民／譯，2006）。

臺灣的情形，2004 年我國女性勞動力約 427 萬人，較 1994 年增 23%。女性就業者 411 萬人，亦增 20%，就業者中女性擔任管理及經理人計 7 萬人，占管理及經理人比率 16%，較 1994 年增加 3 個百分點，與主要國家 2003 年資料比較，高於日本(10%)，低於美國(46%)；另女性專技人員 110 萬人，占專技人員比率 44%，亦較 10 年前增 2 個百分點，則高於南韓，低於日、美。

2. 懷孕歧視

美國《民權法》第七章修正案－1978 年〈懷孕歧視法〉(Pregnancy Discrimination Act of 1978)規定雇主要將懷孕與懷孕相關的健康狀況，與有關雇員條款上任何在醫學上喪失勞動能力的情況等同視之。但是幾乎沒有任何婦女感覺到該法的保護。直到 1991 年，一場關鍵性案件的勝利，才引起大眾對懷孕歧視議題的重視。在立法 13 年之後的 1991 年，公平就業機會委員會宣布一項 6,600 萬美元的賠償金，要 AT&T 公司對其 13,000 名在懷孕期間遭到歧視的員工進行賠償（莊立民／譯，2006）。

我國除《就業服務法》外，並於 91 年 3 月 8 日開始實施《兩性工作平等法》，宣導兩性平等，導正職場性別歧視，使雇主正視防治性騷擾，致力建構兩性平等之工作環境，並於 96 年 12 月 19 日經立法院三讀通過，

將名稱修正為《性別工作平等法》，修正的條文多達 20 條，其中包括育嬰留職停薪範圍擴大、家庭照顧假範圍擴大、陪產假增加、罰則提高等各界關心與期待之重大議題，對兩性在工作與家庭責任的兼顧提供更多的協助。

照行政院主計處的統計，事業單位有提供「產假」者，91 年占 78%，93 年占 83%，94 年占 95%，95 年占 97%，96 年事業單位有提供「產假」者占 96%，而沒有提供者僅約 4%。有提供「產假」者平均給予產假週數約為 7 週，其產假期間工資之發放，以「工資給全薪」占 65%最多，「工資給底薪」占 24%次之，「發給部分工資」占 3%，「不發工資」占 2%。就全體事業單位來看，有 4%的事業單位其員工請「產假」會影響到考績，74%的事業單位表示員工請「產假」不影響考績，另有 22%表示沒有考績制度。

工程師在職場上若居於管理地位，應注意國際潮流以及我國法規性別平等之要求，尊重職場上性別平等及女性員工之應有權益。反之，工程師若居於受雇地位，也不要忽視法規所賦予的權益，應極力爭取最佳之保障。

二、尊重他人人身安全，防治性騷擾

1985 年聯合國在其所定之「乃洛比提升婦女前瞻策略」草案中明載：「性騷擾是一種性別歧視，應採取適當措施，以防止工作性騷擾以及特定工作之性剝削。」（高鳳仙，2005）

1991 年 11 月，歐洲共同體制定不具有拘束力之「反性騷擾措施施行法」，將性騷擾規定如下：「性騷擾係指違背意欲之性本質行為，或其他基於性之行為而影響男女工作時之尊嚴者而言，包含不受歡迎(unwelcome)之肢體、言詞或非言詞行為。1991 年 12 月 19 日，部長會議認可此法則。並對於其會員國之司法實務或相關措施產生影響（高鳳仙，2005）。

我國性騷擾防治法制，首見於 91 年 3 月 8 日開始實施的《兩性工作平等法》，因其適用範圍僅及於工作場所；故於 94 年 2 月 5 日制定性騷擾防治法，擴大適用範圍及於所有各場所，並將保護法益由性別平權擴張至

人身安全之保護。

　　由上述各項國際與我國法制規定，可歸納性騷擾概念法定要素如下（高鳳仙，2005）：

1. 行為其有性本質

　　性本質行為與性或性別有重要關連，在法律上通常包含下列行為：

(1) 意圖獲取性利益之性要求或性提議等行為

　　　　性要求或性提議是否構成性騷擾，應視行為人之身分及實施行為之方式而定。行為人如果是具有權勢之人（例如：雇主、老師等），他對服從其權勢的人所為之性要求或性提議，很容易被認為係性騷擾。一個非常有禮貌的約會請求，如果看來與將來的升遷、薪資、成績等有所關連，即可能被認為是性騷擾。

　　　　行為人如果是不具權勢之人（例如：同事、同學等），其所為之性要求或性提議是否構成性騷擾，則必須以更多證據證明，視全部情況而定，例如：要求或提議的次數、要求或提議的內容、所使用之言詞、肢體動作等等。而過度追求即屬之，嚴重者甚至可成立刑法 304 條的強制罪。

(2) 實施戲弄、威脅、恐嚇、攻擊等具有與性別有關之敵意行為

　　　　與性別有關之敵意行為，可能係針對某個女人或男人，也可能係對所有女人或男人。例如：有個工人看某位女工不順眼，堵住門將該女工之手臂扭傷，美國法院認為，雖然該工人並未對該女工要求性利益，但如果該女工並非女性，則不會受如此對待，因此該工人之行為構成性騷擾。又如某個管理員認為女人不適合做工頭而對該女工頭嘲笑、咆哮並指派其完成難以完成的任務，美國法院認為，雖然該管理員並未要求性利益，但此管理員因為被害人之性別而對之為具有敵意或冒犯之行為，構成性騷擾。

(3) 以猥褻或色情圖片、言詞或笑話而製造故意環境並使人感受冒犯之行為

例如：在某個公司內色情刊物激增，許多員工對於色情雜誌發表粗鄙的評論，在公司所贊助之影片及幻燈片中，也有許多色情圖片及具有冒犯性的性評論，美國法院認為，上開行為已製造一個敵意的工作環境，因為其已製造一種女人被視為男人之玩物而非同事的氣氛。

2. 行為具有不合理性

傳統上，法院對於合理性之認定係採客觀標準，即以一個合理人(reasonable person)是否感到冒犯作為認定標準。事實上，被害人可以定其個人認為可以接受行為之界限，一旦被害人定下合理的界限後，逾越該界限者，通常即被認為構成性騷擾行為。例如：有位男同事時常對某位女同事說：「妳要是沒有結婚就好了」、「我再也無法找到另一個像妳那樣可愛的女人了」之類的話。這些話對於合理女人或合理人是否具有冒犯性其實並不明確；但是，如果這位女同事對這位男同事說：「這些話使我感到困擾，請不要再說了」，她已經為兩人的關係設定了行為的標準或界限。

3. 行為具有嚴重性或普遍性

一般認為，性騷擾行為必須「嚴重或普遍(severe or pervasive)而足以變更工作條件」者，始可構成敵意環境性騷擾。是否符合嚴重或普遍之要件，可能不是由一個事實來決定，而是綜合全部事實加以認定。在某些案件中情況極為明顯，不必特別主張並證明行為具有嚴重或普遍性，例如：男同事對於女同事為性侵害行為。而在一些不明顯之案例中，則須審酌所有情況，才能認定該行為是否嚴重或普遍到足以製造一個敵意、恐怖或冒犯的環境。

4. 行為不受歡迎

行為是否受歡迎，通常採主觀標準，主張被性騷擾者應負舉證責任，證明當行為發生時其對於該行為並不歡迎。而關於不歡迎之認定，一般認為不必有被脅迫之感覺，只須對該行為感覺討厭，或對於工作、學業、服務等有關利益之得失變更感到憂心即可。在某些場合，受騷擾者為了怕喪

失某種權益或怕對自己產生不利，可能無法開口要求對方停止性騷擾行為，此時仍可以其他方式證明其不歡迎該行為。例如：將其苦情與真實的感覺告訴其朋友、同事、同學或輔導人員等，以作為證明其不歡迎該性騷擾行為之證據。

此外，行為雖出於自願或事先徵得被騷擾者之同意，事後被騷擾者如果能證明該行為確實違背其意欲可構成性騷擾。例如：在著名的 Meritor Savings Bank v. Vinson 案件中，美國聯邦最高法院認為，原告雖然同意與被告發生關係，但其係因為害怕失去工作的緣故，被告的行為構成性騷擾。

工程師的職場通常屬於較為陽剛意味的環境，男同事比較容易有以具性別刻板印象（如：搶男人飯碗）或職務角色（如：男人婆）對女性同事的言語玩笑或戲謔，可能要小心是否會造成對女同事之冒犯或造成敵意工作環境，無意間即構成性騷擾。

三、尊重並保護個人性傾向

同性戀是一種性傾向，與異性戀一樣，都是天生正常的性取向之一，因此最近的世界潮流認為，同志享有憲法平等權保障，在任何狀況下都不應對此傾向採取歧視立場（張宏誠，2002）。

但是，社會上仍然有「同性戀等同愛滋病」的「恐同症」，深怕與同性戀者處在同一環境下，自己有被傳染的高危險，導致同性戀者的社會參與或工作權受到差別待遇。

其實由一項聯合國和世界銀行聯合資助的關於愛滋病的調查報告顯示，截至 1996 年底，在全世界愛滋病病毒感染的病例中，其中只有 5~10% 是由男性同性戀者的性行為所導致的。數目大致相當於公認的同性戀者所占全球人口總數比例的估計值比例；而女性同性戀者的性行為幾乎沒有導致愛滋病病毒的傳播。70%以上的感染病例是源於異性戀者之間的性行為，（其餘的還有吸毒、母體遺傳與其它行為造成的感染），如此，我們是不是可以說正是異性戀導致了愛滋病的傳播呢？當然不是。因此，對於愛滋病病毒的傳播，我們應該歸咎的是不安全的性行為（張宏誠，2002）。

　　愛滋病在 80 年代早期最先出現時，企業還不清楚，應該為那些診斷出感染愛滋病的員工負起怎樣的責任。1986 年美國司法部裁定，如果雇主動機是為了保護其他員工，則公司可以合法地解雇被診斷患有愛滋病的員工。然而，到了 1987 年 3 月，裁定結果大翻轉；聯邦最高法院裁定：罹患傳染性疾病的員工司與殘疾勞工一樣，受到不得在工作場所受到歧視之《1973 復健法》(Rehabilitation Act of 1973)的保護。隨著《美國殘障人士法》(ADA)的通過，愛滋病得到了認可，並被列在殘疾的項目中，同樣受到 ADA 的保護（莊立民／譯，2006）。

　　近年來，由於醫學的進步，愛滋病有更突破性的治療方式，雖然罹患愛滋病死亡的人數有下降的趨勢；但是愛滋病仍居美國職場年齡層 25~44 歲（約占半數的勞工年齡）勞工的前十大死因之一（莊立民／譯，2006）。因此，美國疾病管制局和企業界共同發起一項企業愛滋病應變計畫 (Business responds to AIDS, BRTA)，協助公司訂定有效政策來因應職場上的 HIV/AIDS 問題。BRTA 建議：公司建立的綜合因應方案至少要包括以下的五點內容：1.工作場所政策；2.培訓（針對管理人員、監督人員與工會領導人）；3.員工教育；4.家庭教育；5.社區的介入（莊立民／譯，2006）。

　　在愛滋病問題上，公司應該怎樣回應員工利害關係人呢？公司應該密切注意那些患有愛滋病員工的需求。此外，公司應該進行教育訓練，讓所有員工都明白，一般的接觸是不可能會感染愛滋病的。如果管理人員不徹底而且持續地參加教育訓練，他們就永遠無法克服對愛滋病的偏見與恐懼。公司也要非常注意有關愛滋病方面的隱私和正當程序，公司要在愛滋病病例尚未在公司出現之前，就預先制訂處理此類病例的政策。而管理人員也需要接受有關如何處理愛滋病病例的培訓。各公司要謹記在心：愛滋病政策的制訂不是一時順應潮流的產物，而是要把它視為處理整個公司的職場健康、安全、隱私與員工權利策略的一部分（莊立民／譯，2006）。

　　對於愛滋病問題，我國亦定有《人類免疫缺乏病毒傳染防治及感染者權益保障條例》，該條例第 4 條規定：「人類免疫缺乏病毒感染者之人格與合法權益應受尊重及保障，不得予以歧視，拒絕其就學、就醫、就業、安養、居住或予其他不公平之待遇，相關權益保障辦法，由中央主管機關會商中央各目的事業主管機關訂定之。…非經感染者同意，不得對其錄音、錄影或攝影。」也是基於上述國際潮流理念，給予不同性傾向者權益尊重與保障。

　　工程師在職場環境中，遇到此項問題應該對現行世界潮流及相關之理念與法規有正確的認識；如果身為管理人員，則應建立相關措施與策略，營造一個健康、安全、保障員工權益的職場環境。

◎註　釋

註 1：參照最高法院 23 年上字第 1061 號及 29 年上字第 254 號民事判例。
註 2：參照大法官釋字 452 號解釋理由書。
註 3：如前段「同居義務」所述，不堪同居的虐待可作為夫妻拒絕履行同居義務之正當理由。
註 4：例如民事保護令對受害者各種保護措施等。
註 5：參照刑法第 221 條、227 條的妨害性自主罪。
註 6：參照家庭暴力防治§3：「本法所定家庭成員，包括下列各員及其未成年子女：(1)配偶或前配偶。(2)現有或曾有同居關係、家長家屬或家屬間關係者。…」

MEMO

編著‧葉祥洵、邱筱琪

13
CHAPTER

服務學習

Engineering
Ethics

本章導讀

　　服務是種關係，一種行為，也是人類活動中最可貴的一種情懷。服務的過程就是一個真、善、美的體現過程。

　　期許工程師應用自己專業知能，參與公益活動或社會服務。從服務人群當中，關注到社會問題，激發出服務奉獻的熱誠。

　　〈工程倫理守則〉第 7 條工程人員對人文社會盡到責任，乃是期望工程人員應用專業職能，盡其所能提供社會服務或參與公益活動，以造福人群，增進社會安全、福祉與健康之環境。現今高等教育的歷史任務已從「領導者」的角色走到了「服務」及「發展」的時代，服務可看作是一種集體委託，促使高等教育從被動角色，轉化為主動出擊，以盡到社會的責任。

　　現今高等教育專家學者一再地批評報導，大學為冷漠的大學生教育、過度強調難懂的研究工作、對於道德人格和公民自覺的推廣失敗、狹義的專注於讓學生僅為就業市場作準備。根據青輔會「2006 年大專畢業生就業力調查報告」，目前大專畢業生就業狀況面臨 3 項挑戰：1.學生多為被動學習致未能及早針對個人的職涯發展進行規劃，故易造成學用不相符與專業能力不足問題；2.產業界與學界之間連結與合作不夠，產業對學校培養之人才滿意度低，學校培養之人才亦無法符合勞動市場所需；3.各大專校院就業輔導單位以及職輔人員人力與資源不足，無法提供有效的職涯輔導及資訊協助。

　　另外調查報告也發現企業雇主及畢業青年一致認為最重要的核心就業力有 8 項，分別是良好工作態度、穩定度與抗壓性、表達與溝通能力、專業知識與技術、學習意願與可塑性、團隊合作能力、基礎電腦應用技能、發掘及解決問題能力。104 人力銀行楊基寬董事長指出，臺灣企業招募新鮮人時重視的項目，可發現態度優先於專業知能，其項目依序為：1.主動

積極的態度；2.責任感；3.相關科系畢業；4.虛心學習的精神；5.承受壓力的能力；6.良好表達溝通能力；7.足夠專業能力；8.學歷。

因此今日的大學生，要成為高競爭力的工程師，除了強化專業所學之外，更應積極參與社區服務，從服務中學習，以培養各項能力。美國1993年針對9,000位美國大學畢業生的調查顯示，64%的大學畢業生在大學中有參與過志願性的活動，包括與兒童、青少年、生理或心理障礙的人、老年人、受虐婦女以及患有AIDS的人一起工作。學生透過服務學習，關注到飢餓、無家可歸、文盲、健康、無法受教育、環境等社會議題，同時豐富大學生的教育。

依據教育部2006年頒布之「大專校院服務學習方案」指出，服務學習是透過有系統的設計、規劃、督導、省思及評量來達成設定的學習目標，是「服務」與「課程學習」的相互結合。相關研究指出服務學習可以：1.增進傳統課程的學習；2.促進個人發展；3.培養公民意識與責任感；4.貢獻社會。

本章首先說明服務學習的意義、功能、重要性及類型，並提出有效服務學習方案的實施原則，並說明服務學習方案的設計步驟與評量方法，以強化服務學習與教育機構目標之間的關係。

13.1 服務學習意義

什麼是服務學習(service learning)？服務學習與志願服務、實習課程、社區服務有何不同？這是在推動服務學習課程時必先瞭解的事。顧名思義，「服務學習」就是「服務」與「學習」的結合，也就是在「服務」過程中得到「學習」的效果，正如美國教育家杜威(John Dewey, 1859~1952)所說的「從做中學」(learning by doing)，及以及Kolb於1984年所提出的經驗學習理論。

服務學習一詞，於 1967 年，由美國南部地區教育董事會(Southern Regional Educational Board)首先提出，隨後經由美國各級學校推展，衍生出許多不同的解釋和做法。美國學者肯多爾(Kendall)在 1990 年的報告指出，從文獻上可以找到 174 個與服務學習定義有關的解釋，相信現在必然更多。

我國學者林勝義將服務學習定義為：「由學校與社區結合，共同協助學生應用所學知能去服務他人，並且在服務過程中不斷的學習成長。所以服務學習是學校教育的一環」。

比較常被引用的服務學習定義，為 1990 年美國「國家與社區服務法案」(National and Community Service Act)所下的定義，包括四個要點：

1. 學生藉由服務活動的參與，獲得學習與發展的機會。而該活動乃是學校與社區一起協調，以能符合社區真正的需求。

2. 服務學習融入學校課程，讓學生於服務活動中的所見所為，進行反思、討論與寫作。

3. 提供學生固定的服務學習時間與機會，讓學生在自己社區，應用所學的新技能與知識。

4. 服務學習將學生學習的教室擴展至社區，有助於學生發展對他人的關懷。

美國國家教育統計中心於 1999 年「全國學生服務學習與社區服務之調查」(National Student Service-Learning and Community Service Survey)，將服務學習界定為以課程為基礎的社區服務，它統合了課堂教學與社區服務活動，這種服務必須：

1. 是配合學科或課程而安排。

2. 有清楚敘述的學習目標。

3. 在一段時間內持續地探討社區真正需要。

4. 經由定期安排的服務日誌、焦點團體或批判分析活動，以幫助學生學習。

　　歸納而言，服務學習是一種重視學習因素的服務，必須透過結構化的課程設計，促進服務者的發展及滿足被服務者的需求。正因為服務學習強調「學習」與「服務」並重，所以它與傳統的實習課程、志願服務、社區服務、勞作教育等相關名詞，並不盡相同。美國學者 Sigmon 將服務與學習歸納為下列四種類型。

1. 服務－學習 (service-LEARNING)	以學習目標為主，服務成果不重要。如：各學科之實習課程。
2. 服務－學習 (SERVICE-learning)	以服務成果為主，學習目標不重要。如：志願服務、社區服務、義工等。
3. 服務，學習 (service, learning)	服務與學習的目標，沒有關聯。
4. 服務－學習 (SERVICE-LEARNING)	服務與學習的目標，同等重要。如：各類型的服務學習課程及活動。

（資料來源：摘錄自黃玉，2001。）

　　綜上所述，服務學習是一種經驗教育模式，透過有計畫安排的社會活動與結構化的課程及反思過程，以完成被服務者的目標需求，並促進服務者的學習與發展。反思(Reflection)與互惠(Reciprocity)是服務學習的兩個中心因素（黃玉，2001）。

 13.2 服務學習的功能

　　我國於 1991 年代推動教育改革之後，各級學校為培養學生多元價值觀，啟發學生關懷社區，乃開始推動公共服務教育，後來稱之為服務學習。其功能包括：

一、能帶給學生更高品質的學習

1. 鼓勵師生接觸。

2. 鼓勵學生合作。

3. 鼓勵主動學習。

4. 給予積極回饋。

5. 鼓勵學生學習。

6. 傳達高度期待。

7. 尊重學生多元。

二、服務學習能提供學生實踐、參與社會事務的機會，並有助於未來公民的準備

1. 認知理解(Intellectual Understanding)

服務學習提供學生實際社區參與的經驗，挑戰學生真實情境中去思考有關人類本質、社會、公平等議題，再透過課堂中有計畫安排的省思與討論等，有助於學生批判性分析及思考能力的發展，當學生在服務無家可歸的弱勢族群時，可提供他們真正面對貧窮，並且測試他們對貧窮、公共政策、和民主理論與實際觀察及接觸的不同。

2. 參與能力(Participation Skills)

服務學習中實際的接觸，服務及課堂中的省思、描述、討論、及日誌的撰寫等，均可幫助學生溝通、表達、理性說明能力的增進，除此而外，社區服務的經驗更培養他們聆聽別人故事、需求及同理的能力。

3. 公民態度(Civic Attitudes)

服務學習提供學生培養公民判斷(Judgement)及公民想像(Imagination)的機會，實際的接觸經驗提供學生將他們的道德判斷應用在實際的生活及社區情境中，使他們重新去調整他們在現實觀察世界裡的政治判斷。也使

他們會更真實的去瞭解公共問題，怯除偏見與固執，發揮想像力，學習與不同背景、價值觀與生活方式的人一起合作去解決問題，共創未來。

4. 公民參與(Civic Participation)

服務學習提供學生實際參與，付諸行動並看到自己努力的結果，幫助他們發展公民參與的承諾，讓他們知道自己的努力可以帶來不同的改變，肯定並願意繼續在學校及社會的參與。

三、服務學習能為學生未來作更好的準備

Jacoby(1996)指出服務學習可培養學生整合資訊，解決問題，建立團隊，有效溝通、妥協及做決定的能力，它也可以幫助學生產生主動、彈性適應開放及同理精神，透過互惠及省思，更可幫助學生培養尊重並欣賞多元的能力。而這些都是未來工作生涯非常重要的能力。

四、服務學習可促進學生多方面的發展

大學生在大學階段有很多的發展工作需完成，MclEwen(1996)指出服務學習可促進學生認知、道德、心理社會、自我認定及生涯選擇的發展。如認知及道德發展方面，學生從事服務學習，可以發展出更複雜思維、更高層次的道德推理及關懷倫理、並將服務納入生涯規劃的承諾。在心理社會及認定發展方面，服務學習能發展更好認知能力和能力感、增進情緒的覺知與整合、更自主與互賴、更容忍和同理、更清礎生活的目標及更成熟的價值觀。

五、服務學習有助於學校及社區的發展(Eyler ＆ Giles, 1999)

1. 學校方面

(1) 增加學生對學校的向心力。

(2) 建立學生間的親密關係。

(3) 促進師生間的互動。

(4) 建立校園民主氣氛。

2. 社區方面

(1) 建立學生與社區的連結感。

(2) 與社區成員建立夥伴關係。

(3) 有助於社區問題的解決。

(4) 增強社區自助的能力。

(5) 成為社區中持續參與的公民。

13.3 服務課程的重要性

一、從經驗中學習

學習是通過行為和反應的循環而產生，不只是單純的閱讀和寫作，知識必須與行為連結，再加以靈活運用，才是有效的學習，學習也需要全心的投入，再將情緒與能力連結，喚醒學習者的好奇心，提高學習興趣，這是超越時間的過程。經驗可以提高學習能力，學習使行動更為有效，行動與學習的結合是服務課程獨特之處，學生透過行動與反應過程，獲得社會真實性和對自己能力的更深入瞭解。

二、促進學習成長

服務與反思活動，可以鼓勵學生以較批判性和複雜的方式思考，增加學生對課程內容的理解，同樣的，藉由探索自己的族群認同，並思考族群認同對觀念和行為的影響，使學生更能瞭解敏感的社會議題。如：環境清潔方案的學生能更關心汙染、髒亂等問題；與退休或老人院方案的學生更能反思對老人的態度、能力和傷殘的問題，亦可思考政府的角色，經由思考帶來成長。

三、解決社會問題

服務課程不只是在學習有關的社會問題,而是要透過行動來關注社會問題,聯結大眾與教室的方法就是通過社會行動研究,給予學生一個議題,再安排服務學習的課程,嘗試產生一些有用的資料,例如:為流浪漢或老人起草福利法案,先經由服務,再經反思學習,較可以提出他們真正需要的法案,因為課程是圍繞真實的社會問題,行動研究的過程也會促進各學科間的接觸學習,在學習過程中也可以發展調查技術和知識,增加對社區的服務。

四、公民資質教育

美國高等教育改革學者提倡,以服務或服務學習課程作為高等教育培養公民資質或社會的責任。服務學習課程透過有意義的社區服務課程,讓學生有效應用課堂所學,能促進學生課業學習,使學生正面積極的投入多元化社會之中,以達到公民學習的目標。

13.4 服務學習的類型

在許多大專院校,學生參與不同類型的服務經驗而認識到服務學習,他們藉由活動的辦理而與社區做了很好的聯結,他們的服務給社區帶來了莫大的幫助,學生在服務課程中有學習也有收穫。透過對各種類型的服務,為學生、行政人員和老師,開啟不同階段理解的大門,並增進學生對教育的參與和學習。

服務學習方案之辦理,可在課內與相關主修課程結合,或與各科結合設計成全校主題活動,亦可於課外社團活動中舉行,有給予學分也有不給學分,或者列為畢業必須條件者,Jacoby(1996)將服務學習分為下列幾種類型:

（一）一次或短期的服務學習

新生訓練中安排半日或一日的服務活動，學校於一學期安排一次或二次的全校社區清潔日，一日的醫院志工服務、老人服務、育幼服務或為植物人遊行勸募等均屬這類型活動，這些服務活動目的在介紹、引導學生進入服務領域，認識服務機會，培養服務興趣以為日後長期投入服務做準備，屬試探階段。

（二）長期的課外服務學習

學校服務性社團或班級團體、宿舍團體長期固定參與某一團體的服務，則屬於這一類型。此類服務屬於較長期的課外參與，其目的在引導學生藉由長期與持續的服務與結構化的省思活動，導引相關議題由探索邁向澄清及理解階段。

（三）與課程結合的服務學習

例如老人服務課程安排學生到安養院服務照顧老人，法律課程安排學生為弱勢族群服務，兩性教育安排為女權團體服務，經濟課程安排學生為非營利事業機構募款，教育課程安排學生為犯罪青少年或低成就學生提供輔導等，均屬於與課程結合的服務學習。

（四）密集經驗的服務學習

一個暑期或安排較長時間與被服務者生活在一起，如山地服隊或社會服隊，或參加世界青年和平團到其他國家服務，均屬於這種密集經驗的服務學習。雖然參加這類服務學習的動機各有不同，但因為長期密集與被服務者生活在一起，且與他們一起進行反思，會帶給參與者非常直接而強烈的影響，促使他們很快進入理解或行動階段，但當密集經驗結束後，如何幫助他們持續找到服務機會及不斷進行反思，而能變成終生投入是這類服務學習設計要特別需要努力的地方。

服務學習類型有不同的形式，各校可依其學校宗旨和特色，發展出屬於該校的服務學習方案，因服務學習強調的重點是「學習」，而非「服務」。

有效服務學習方案實施原則

　　美國經驗教育學會（National Society for Experiential Education，簡稱 NSEE）於 1989 年結合 70 多個組織，組成 Wingspread，提出 10 項有效服務學習方案實施原則：

1. 方案的實施要能鼓勵人們以負責任和挑戰的行動參與並致力於公共福祉事務。

2. 方案能提供人們結構性的活動機會，讓他們從服務經驗獲得批判和反思能力。

3. 每位參與服務者都能清楚並確認其服務學習的目的。

4. 方案的實施能允許每位接受服務或是參與者服務者，決定他們的需求是什麼。

5. 清楚釐清每位參與服務者、受服務者和組織之間的責任。

6. 在不斷改變的環境與過程中，努力結合受服務者的需求和提供服務者的能力。

7. 參與服務者能真實、主動和持續地投入活動中，並許下服務的承諾。

8. 所有的訓練、督導、觀察、支持、瞭解和評估，都須符合服務學習的目標。

9. 服務和學習的時間是有彈性、整合且適當的，對所有參與者都具吸引力。

10. 服務學習應運用多元方法，為不同背景的人進行服務。

　　美國校園外展聯盟（Campus Outreach Opportunity League，簡稱 COOL）提出有效的社區服務方案 5 大要素(Jacoby, 1996)：

1. **重視社區的聲音(Community Voice)**：社區的聲音（需求）是建立橋樑、改變和解決問題的基礎，任何服務學習組織必須確認重視社區的聲音與需求，且將之納入服務學習的方案計劃中。

2. **定向指導和訓練(Orientation and Training)**：社區服務經驗重要的第一步，是提供服務者有關社區的問題、機構特質、團體、對象和工作內容等資訊。

3. **有意義的行動(Meaningful Action)**：對社區實施的服務行動，必須是必要的、有價值的和有意義的行動。它是可用測量的方法，來評量方案所完成的服務，是獨特的、善用時間、有意義的，否則縱使其他部分都做得很好，人們也不會繼續再從事服務。

4. **反思(Reflection)**：在社區服務學習經驗最重要內涵即是反思，它是指在服務經驗後的自我思考與討論，將個人在服務事件中的經過、遭遇故事、感覺、可能的刻板印象或個人對服務疏離、厭惡或害怕等現象進行反思。

5. **評估(Evaluation)**：進行對社區機構和服務方案的評估，評量學生的學習經驗和影響，對社區機構所提供服務是否有效，以及方案本身的成敗。尤其是學生學習的評量，是教育機構評量學生在服務中所產生的效能評量，這項評估結果可以提供方案進步、成長和改變的空間。

　　COOL 機構亦指出，課堂經驗與服務經驗的結合，以及反思練習的活動，是服務學習達成教育目標最重要的兩個因素。經由他們的訪談結果，發現最有效的服務學習反思，必須具備五 C 的特質：連結(Connection)、持續(Continuity)、脈絡(Context)、挑戰(Challenge)及督導(Coaching)，簡述如下：

1. **連結**：服務學習及反思經驗能幫助學生與不同背景的人（同學、被服務者、師生）連結，也聯接學校與社區、經驗與應用、情感與思想、及現在與未來。

2. **持續**：教師應於服務前、服務中、及服務後持續給學生省思機會，幫助他們成長及發展。

3. **脈絡**：反思不是只是思考而是需有思考的「連結式脈絡」，因此服務經驗及機構選擇一定要與他們所學內容有關，讓學生能整合課堂所學與服務經驗。

4. **挑戰**：反思中挑戰非常重要，新經驗挑戰會帶來不平衡而刺激學生成長。

5. **督導**：挑戰中仍需給予支持及督導，否則只有挑戰而無支持，學生會因害怕而回到舊經驗拒絕成長，所以教師在過程中應同時提供學生適度的挑戰及支持。

13.6 服務學習方案設計

發展有效的服務學習方案設計，需經過準備、服務、反思，以及慶賀四個發展的階段，以圖 13-1 來說明（Jacoby, 1996；天主教輔仁大學，2002）：

一、準備階段(Preparation)

在準備階段可依學生學習階段、參與時間長短、服務機構之數量及實際狀況不同而簽訂服務學習合約(service-learning contract)。合約一般可區分為：

1. **機構合約(institution contract)**：服務機構與學校共同簽訂。

2. **團體合約(group contract)**：學生以班級或者是小組方式與機構簽訂合約。

3. **個人合約(individual contract)**：學生個別與服務機構簽訂之合約。

階段 重點工作

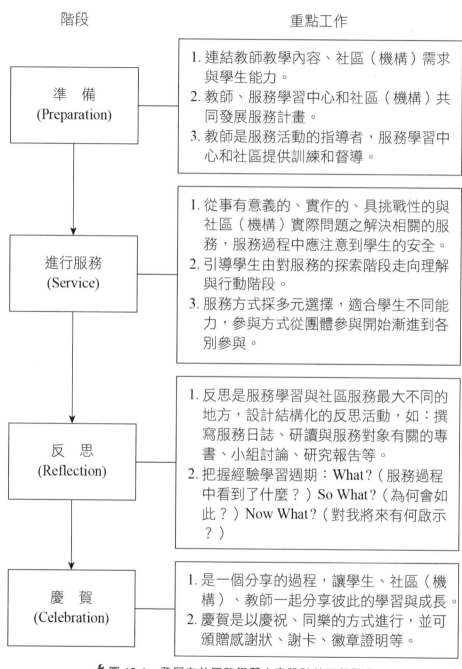

| 階段 | 重點工作 |

準 備
(Preparation)

1. 連結教師教學內容、社區（機構）需求與學生能力。
2. 教師、服務學習中心和社區（機構）共同發展服務計畫。
3. 教師是服務活動的指導者，服務學習中心和社區提供訓練和督導。

進行服務
(Service)

1. 從事有意義的、實作的、具挑戰性的與社區（機構）實際問題之解決相關的服務，服務過程中應注意到學生的安全。
2. 引導學生由對服務的探索階段走向理解與行動階段。
3. 服務方式採多元選擇，適合學生不同能力，參與方式從團體參與開始漸進到各別參與。

反 思
(Reflection)

1. 反思是服務學習與社區服務最大不同的地方，設計結構化的反思活動，如：撰寫服務日誌、研讀與服務對象有關的專書、小組討論、研究報告等。
2. 把握經驗學習週期：What？（服務過程中看到了什麼？）So What？（為何會如此？）Now What？（對我將來有何啟示？）

慶 賀
(Celebration)

1. 是一個分享的過程，讓學生、社區（機構）、教師一起分享彼此的學習與成長。
2. 慶賀是以慶祝、同樂的方式進行，並可頒贈感謝狀、謝卡、徽章證明等。

🔧 圖 13-1　發展有效服務學習方案設計的四個階段

　　以上合約人數上或有很大的差異，然身處不同服務經驗與情況中之學生，需要之合約內容亦不盡相同，合約目的主要是使學生對服務能逐步由探索、釐清、行動、內化之階段，進而產生學習動機、自我承諾及責任感。

　　教師亦可邀請機構代表或者實際帶領學生之「督導」，參加服務學習課程行前討論會議，俾便簽訂正式之合約，值得注意的是，合約形式是次要的，主要的是精神與意義的傳達。其進行之方式可區分為：

1. **機構選擇**：機構選擇原則為能夠帶給學生「合理的挑戰及適度的支持」，學生不論是團體進行服務或者是個別進入到機構服務，當進入到越陌生、越排斥的服務機構，帶來的挑戰就越大，這時就要給予更大的支持，學生的收穫也就越大。反之，選擇熟悉的服務地點，勝任愉快的機構服務，面對的是較為低度的挑戰，學生學習成長的空間也就越小，所以合理的挑戰，與適度的支持兩者之間求取平衡是機構選擇需考量的事。

2. **確認機構**：從服務機構之宗旨及其所需要之目標確認育投入之機構有利於學習之定位，也讓學生能選擇自己所認同之宗旨與目標，服務計畫乃是經由雙方共同討論擬定的。

3. **進入機構**：對於機構明定之注意事項，或者是禁忌要充分的尊重，避免遭受到不必要的困擾與誤會。機構施行定向訓練時，除了讓學生瞭解所擬定的學習目標和所要進行的服務項目外，亦要解釋清礎注意事項、禁忌、不成文規定及傳統作風方面事項。

4. **安全保障**：投保平安保險是從事服務學習的安全保障，要求其投保適度之意外險及意外醫療保險額度，以保障服務者的安全。

5. **交通考量**：交通成本、交通工具考量，均應以安全為前提要件。

6. **進行方式**：低年級最好進行團體合約方式進行，彼此有較多的支持聯繫系統，至於高年級的學生就可選擇個別方式進行，以增進其學習與發展。

7. **行前訓練**：進行行前訓練之時，可安排教師或服務機構辦理說明會，以讓學生事前瞭解服務對象、包括與服務相關的社會議題及事件、服務機構的資料、困難、與發生問題時的解決方法等。

8. **全程參與**：在準備階段中極重要的一點是學生應參與一切與服務相關的計畫活動，包括機構選擇、服務團隊成員的選擇、期望的服務工作、訓練、督導和評鑑。

9. **爭取支持**：服務活動要能夠爭取到學校行政當局以及父母的支持和溝通，讓服務學習變成是學生、學校、家庭和社區都願意共同參與和分擔責任的活動。

10. **內化承諾**：服務學習是以修習課程學期為底限，但可鼓勵學生利用寒暑假或連續之假期持續進行，可透過指導老師、督導或機構同意予以延長服務。

二、進行服務(Service)

經過準備階段審慎的籌組活動與訓練後，進行服務階段的的模式主要有：

1. 直接服務

直接接觸到被服務者，像是餵食照顧病人、教導身心障礙學生功課等，學生收穫最大，成就感也最大，直接服務中學生參與程度及意願是關鍵因素。

2. 間接服務

間接的服務象是募款、接電話、環境整理及策劃活動計畫等，非直接與服務對象接觸，學生做的是一個組織的服務，或者是努力達成社區的要求，所收到的回饋與成就感也是「間接的」。

3. 公益活動

主動參與社會公民方面的動其類型有：

(1) 例行性宣導活動。

(2) 進行服務直接協助解決問題。

(3) 倡導藝文類正當活動。

三、反思階段(Reflection)

　　服務學習很重要的元素就是反思，服務學習與志工服務最大的關鍵不同，就在於傳統的志工服務並不強調反思的進行，反思與服務學習的循環如圖 13-2(Cress, 2005)：

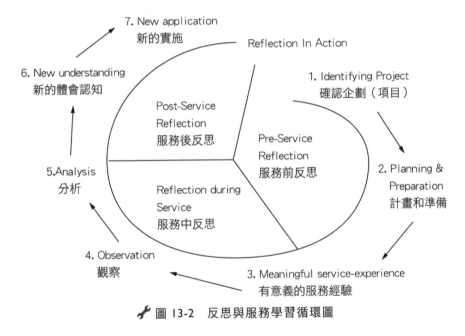

🔧 圖 13-2　反思與服務學習循環圖

1. **設計各種結構化的反思課程活動**：由許多學者的研究報告中得知，服務學習的學生並不是天生就知道如何在服務課程中進行反思，更不知道有效的連結「服務活動」與「課業學習」，所以只要經過一些幫助與指導，她們就可以掌握到學習的方法。例如：撰寫日誌、小組討論、研究報告、研讀與服務對象有關書籍等，定期回到教室中去反思討論，或者於服務社區中與被服務人一起進行反思等活動，這些反思的選擇

仍然要視參與服務者的能力而設計。例如高中學生適合以小組討論或者焦點團體方式進行反思，大學生就可以使用撰寫日誌、小組討論、研究報告、研讀與服務對象有關書籍等。

2. **以 Kolb 經驗學習週期理論為反思活動基礎**：What?（我做了哪些服務？）；So What?（這些服務帶給我的主要意義 與學習是什麼？）；Now What?（未來我將如何運用所學？）讓學生從經驗中看到什麼？想到麼什麼？做到了什麼？為什麼要這麼做？怎麼做才會更好？讓學生從不斷自我反思學習週期中，得到真正的進步與智慧（Klob, 1984；引自黃玉，2001）。

✦ 圖 13-3　經驗學習週期

3. **最重要的反思活動**：注意連結(Connection)、持續(Continuity)、脈絡(Context)、挑戰(Challenge)及輔導(Coaching)並有指導老師與督導確實配合(Eyler & Giles, 1999)。

   (1) 連結(Connection)：反思活動具有連接性功能。服務學習反思活動能幫助學生與不同背景之同學、被服務者與師生連結起來，並且也連結學校與社區、經驗與應用、感情與思想、現在與未來。

   (2) 持續(Continuity)：反思必須持續不斷進行。教師應於服務前、服務中、服務後持續幫助學生反思成長及發展。

(3) 脈絡(Context)：反思的內容應與課程主題相關。反思不是只思考活動本身，而是需有思考脈絡或前後關係，因此，服務經驗與所學課程內容相關，使得學生可以整合課堂所學與服務經驗。

(4) 挑戰(Challenge)：反思主題與對象應具挑戰性。新經驗的挑戰可以刺激學生，幫助學生成長。

(5) 輔導(Coaching)：反思活動需要師長的輔導與指導。挑戰中需要給予支持與輔導，只有挑戰而無支持，學生會因為害怕退縮而拒絕成長，因此老師在反思過程中應提供同學適度的挑戰與支持。

4. **進行服務學習反思時間**：反思時間可區分為：服務前、服務當下和在服務後，每個階段都應進審慎規劃的反思活動，以提昇學生對服務學習的體認、增加收穫。

(1) 服務前的反思(Pre-service Reflection)

鼓勵個人與團體設定目標，進行服務學習經驗分享。學生在進行活動前就能得到服務當事人的資訊，服務單位的代表、社區成員和有經驗的學生幹部也可以教導學生怎麼做才正確，並指導他們如何面對挫折、憤怒、搖擺不定、快樂和希望等之情緒。

(2) 服務當下的反思(In-Service Reflection)

在服務學習開始時，學生可以花很短的時間，思考參與這項活動的原因和希望得到的結果，以及自己在服務活動中應扮演的角色。這種短時間的反思可以透過禱告或發問進行，讓學生「穿著別人的鞋子（設身處地）」去想事情，也可以從服務地點返回車上進行反思活動，立即的反思與迅速的回應對學生收效很大。

(3) 服務後的反思(Post-service Reflection)

服務活動結束後，讓參與者一起討論這次服務活動，分享心得、情緒、和疑問；這種大型的活動可以作為一種慶祝的方式，並詢問日後有哪些服務學習機會；小團體的討論則把焦點放在某些問題（過程中發生了哪些事？這些事對我和對其他人有什麼重要性？現在我（或我們）覺得如何？）上，鼓勵學生思考服務的意義。讓學生

寫下自我省思，能鼓勵學生回顧他們的服務經驗，並讓他們思考下一步該怎麼走。

5. **服務學習反思目的**：Jacoby(1996)提出服務學習反思的主要目的在於幫助學生能從簡單的觀察進步到較複雜的分析，因此服務學習反思的分析包括下列 6 項：

(1) 定位：我是何人？我為何來這兒？什麼對我是重要的？我來自何處？

(2) 觀察：我看到或聽到什麼？我如何描述所見（經由講故事及面對問題）？

(3) 感覺：我對我所看到或聽到的事物的感覺如何？我為什麼會有這種感覺？

(4) 解析：我為什麼明白我所看到的事？我對這些文化、種族、人種及宗教團體等價值觀與經歷為何，如何將我的所見所聞具體化？哪些障礙是會阻止我去作改變？

(5) 個人分析：我對問題瞭解的程度如何？我在解決這項問題方面盡了多少力？我能貢獻多少才能或從中學得什麼？我能由何處獲得希望和力量？我未來的發展存在什麼樣的希望和徵兆？

(6) 社會分析：這個問題發生的社會及政治因素是什麼？有可能的解決方法有哪些？是誰在這社會裡擁有權力？我們如何能成為一個被授與權力或作改變的團體？哪些機關團體是最有希望促進現狀改變的？

6. **反思(Reflection)的類別與問題**：把反思中服務和學習(Service-Learning)之間的連字號(hyphen)，是代表它能將學生的社會經驗與課業學習經驗互相連結。也就是說，反思是指能夠以現在所遇到的問題來回想過去的經驗，檢討自己的行為。有些人天生就喜歡思考，想知道他們現在所做的事，和自己所瞭解的或想追尋的問題是否契合；有些人則會私下跟室友、朋友、父母和其他人分享他的經驗，並且進行自我反思。有些社區

服務機構也會在工作人員和志工開會討論問題和策略時，提供內省的機會；但是，對大部分的學生來說，在回想自己做過的事之前，他們把注意力都放在反思程序上，而且反思並不是大部分社區工作的例行公事。因此也有受訪學生表示，在服務時，他們是發現了一些有趣的問題，但是他們並沒有機會去找答案，因為「我發現了這些問題的時候，課程已經結束了，所以問題還是存在」。此舉顯示，服務學習方案必須除了課堂上討論，結束時還需另外召開討論會來進行反思，對於學生的學習才會更有成效。

在反思訪談時，當我們問學生從服務中學到了什麼，我們發現，學生大部分都會談論他們所遇到的人，以及對服務經驗的感覺。在談到服務學習的收穫時，他們的答案通常是個人和人際關係的成長，並慶幸自己運氣好、越來越有包容力、更懂得欣賞不同的文化，或是學會了與他人合作；學生在提到反思的機會時，也會說到這些事情，但通常都沒有談到他們在學習上的收穫，以及如何將這些經驗應用到真實世界。參與反思活動，如何才能讓學生在個人和課業之間找到關聯。

Myers-Lipton 將反思進行方法以四大類別區分（黃玉，2002）：

演說(Speaking)	書寫(Writing)
＊ 與領導／教師一對一討論	＊ 論文、專業報導、研究報告、期末報告
＊ 整班（組）討論	＊ 日記或工作日誌─每日、每週或每個服務方案之後
＊ 小團體討論	
＊ 口頭向全體報告	＊ 個案研究或沿革
＊ 在某議題上與社區成員或專家討論	＊ 特定方案報告
＊ 公開向父母、老師、機構人員、社區領導等人介紹服務方案	＊ 用錄影帶、電影或幻燈片說故事
	＊ 導引未來的志願服務人員／參與者
＊ 與同儕分享服務經驗	＊ 自我評估或方案的評估
＊ 向決策群公開聲明，說服支持本方案	＊ 報紙、雜誌或其他出版品
	＊ 組合搭配

活動(Activities)	多媒體(Multimedia)
* 收集所需的資訊以了解協助方案的進行 * 調查或田野研究 * 模擬與角色扮演 * 舉辦研討會或工作坊 * 為其他學生或方案領導人設計一個訓練性質的講習會 * 酬謝儀式或慶功宴 * 設計新的方案 * 召集同儕一同服務 * 分配方案經費	* 照片、幻燈片或錄影帶 * 繪畫、圖形或美術拼貼 * 以舞蹈、音樂及劇場的方式呈現

Cress(2005)則將反思進行分為以下幾類：

 圖 13-4　Cress 對反思進行的分類

四、慶賀階段(Celebration)

　　慶賀是一個分享的過程，讓學生、機構代表、受服務對象及老師一起來分享彼此的學習與成長，藉分享學生肯定自己的參與和貢獻，並激起持

續投入服務的決心,分享也可幫助服務機構或被服務人看到自己帶給學生的學習,建立自信心而自己站起來,慶賀並有助於關懷文化的建立。慶賀可以慶祝的同樂會或晚會頒獎方式進行,並可頒贈感謝狀、謝卡、徽章、證明等。

13.7　服務學習方案的評量

服務學習方案的評量,可以幫助老師了解學生之學習成果,其評量原理與一般之課程並無二致,僅需多加考量服務這個教學方法的特殊因素,因此其評量可以區分為二類:一是根據學生學習的結果評定應得之分數與等第,另一則是就課程本身進行評估。

輔仁大學「服務-學習」教師指導手冊(2002)建議進行服務學習評量前應澄清以下觀念:

1. 評分主要是依據「服務學習中的學習」,而不是「服務活動」本身

2. 將服務比擬為一般學習中閱讀課文或資料,老師只能評量閱讀之學習結果。

3. 老師無須因服務-學習讓學生投入較多的時間,而從寬給分。

4. 如果服務學習相關作業無法達到預定的學習水準,雖然學生花了許多時間服務或寫報告,亦無需給予優待。

5. 老師不是為服務或「學生的服務心態與動機」而給分數。

6. 老師不是針對服務中發生的事件評分,而是觀察學生是否將服務經驗與相關課程內容做連結。

7. 學生對於相關作業需要認真書寫、思路清晰,有條有理。

8. 批閱學生的報告要有嚴格的標準,與一般報告無異。

9. 即使學生在服務場所表現不好，亦可視學生在課堂上因服務的經驗所產生的情況加以分析，提出改進建議的能力如何而評斷其成績。

10. 所花費的服務時數與所得的知識或所修的學分，不一定成正比。

11. 須有基本服務時數，方能使學生的服務經驗產生一定的深度。

　　成績的評定是老師與同學教學過程中，針對學生「學到了什麼」所經過的一個漸進累積歷程，因而老師在整個學習不同時段，需做不同的準備及收集評分依據的資料：

一、期初

1. 於課程設計時明訂學習主旨(goal)與目標(objective)，及學生所應學習之內容。

2. 利用課程大綱或教學大綱與學生溝通（內涵宗旨、目標、進度、作業與評分標準）。

3. 分發給學生服務指南（內在服務－學習的意義、與課程相關的部分、服務的時間、地點、相關的作業、評分比重、參與評定成績的負責人等）。

二、期中

1. 幫助學生從事反思。

2. 幫助學生將服務經驗轉化為學習經驗。

3. 持續瞭解學生學習及服務的狀況，包括積極與消極的經驗。

4. 日記應適時定期給予回饋，這是反思技巧重要之部分。

三、期末

1. 收集學生所應繳所有日誌、作業、報告，口試、筆試或小組討論記錄與報告。

2. 參考期初之課程設計、教學大綱、服務指南以評量學生的學習成果。

編著‧汪慧瑜

14

CHAPTER

壓力與情緒管理

Engineering
Ethics

本章導讀

合宜的壓力管理，學習與壓力共處，是決定工程師能否發揮自己所長的關鍵。

所以全人教育的工程倫理教育，從預防醫學的觀點來看，工程師的情緒管理與壓力調適是值得重視的課題。

本章重點如下：

配合工程師未來可能面對的的專業壓力、提供全方位的情緒困擾管理機制。在課堂上，亦可角色扮演，增進自己對壓力的管理技巧。告訴自己，鼓勵自己，所有的挫折、不平是否會隨風消逝的關鍵，都掌握在自己的手中，如果能夠努力以付，應對得宜，終將走出自己的康莊大道。

 悩人的情緒

一、網友的煩惱

我最近剛換工作，但是我們領班真的很機車，說話也很賤，我剛去時他就說：「我長得也還好嘛，又不高身材也不怎麼樣！」我去上班又不是去選美，而且他自已長得也不帥，禿頭又有狐臭，居然還嫌我！超氣的！然後因為我是新人，所以我就問他排休的問題，他就說我現在在這間公司還是沒有用的人，排休要等老鳥排好我才能排，還有他說在那工作滿一個月要請大家吃飯，為啥要請他啊！真的很討厭他，他還說：「你想在這裡升正職還要靠我這張嘴去幫你講。」說我的「錢」途就要看我平常對他的表現，但我這個人並不喜歡巴結別人，何況我真的很討厭他說話的方式，他說之前這裡常換領班，但換到他就沒被換了，他的意思就是他很行，沒

人能把他幹掉，如果各位遇到這種上司該怎麼辦？和其他同事都相處的不錯但就是很討厭他，好煩喔！

二、熱心網友的建議

他是油腔滑調及欺善怕惡的人。對付這種人：

1. 一定要保持距離。

2. 不要開罪他，不然他會暗算你。

3. 只跟他談公司話題，態度一定要自然、淡定、嚴肅。

4. 不要背後或在其他同事面前批評他。

5. 工作要盡責，不要遲到早退，不要留手尾以免成為被他設計的把柄。

6. 不要板著臉對他，讓自己看來大方，有風度，氣質，正氣，讓他不敢侵害你。

7. 不要聽信其他同事對他的批評。

8. 表現出對他起碼或基本的尊重，這樣比較不會讓他感覺你看不起他而時時針對你。

9. 與他的上司保持友好關系，暗示他你有靠山，別想整你。

10. 注重工作團隊精神，盡量避免派系文化，或者想要孤立他。

11. 對他指示的任務，不要有負面想法或反應。

碰到機車領班，說話很賤，想要工作時有好心情，實在是很困難。然而熱心網友的建議中，卻絲毫沒有處理情緒的有關建議。

人生的成就至多只有大約 20%歸諸於 IQ，80%則受其他因素的影響(Goleman, 1995)。為何有些高智商的人事業無成，而智力平庸的反而表現非凡呢？主要關鍵在於 EQ，EQ 高的人對自己有信心，又能同理別人，並具有積極思考傾向，在人際關係、兩性交往、事業生涯及生活上都較容易成功並感到滿足，EQ 低的人正好相反，常常把時間、心力花在與自己內心交戰，而削弱生活的能力與成功的機會（黃惠惠，2002）。

情緒的迷思

情緒人人都有，跟人的關係如影隨形，時時存在著，但是儘管與人的關係如此緊密，但卻又是個看不透、摸不清、不容易懂的東西。人們不自覺的受情緒的影響，幾乎沒有人可以完全有效的控制情緒，日常生活中的喜、怒、哀、樂，影響人們所有的言行舉止。事實上，大部分的人都無法擺脫它的控制，因此，人們對它的感受複雜而矛盾，好似親密如自己的分身，但又感到疏遠如陌生人，所以對它存有一些似是而非的迷思。

一、情緒都是不愉快的

在各種情緒當中，生氣、悲傷、緊張、焦慮令人不舒服、不愉快，然而快樂、得意、欣慰、滿足等情緒都讓人覺得愉快又舒服。雖然人生不如意事十常八九，令人不愉快的情緒也確實占了生活中較大的部分，然而，卻也因此更凸顯出令人愉快情緒的影響力。

二、負面的情緒帶來負面的影響，正面的情緒帶來正面的影響

這種想法乍看之下是正確的，其實不然，例如：要進行工程績效報告時，會非常的緊張焦慮，這是負面情緒，可能會讓自己在做報告時，語無倫次、不知所云，為了避免自己出糗，所以事前努力做好準備工作，收集資料齊全，多練習幾遍，這就是正面的影響。反之，如果受到上司獎勵自己工作能力強，工作效率高，因為志得意滿，趾高氣昂，反而不再努力以赴，就是負面的影響。

三、情緒是不好的，不要表現出來

很多人認為情緒化是不好的，不要隨時都把情緒寫在臉上。其實情緒本身無所謂好壞，它是個體內在狀態的自然表現，例如被老闆責難，覺得

生氣、沒面子；得到績效獎金，感到高興，是很自然、很正常的感受，沒有什麼對錯的問題，只有情緒的表達才有所謂洽當與否的問題。例如上述的例子，表達生氣：可以拍桌子瞪眼的大罵對方；也可以生對方悶氣，不再理睬他；也可以等氣消了再向對方表達自己的不滿與氣憤。三種表達方式中，第一種是雙方撕破臉，形成對立的局面；第二種是冷戰開始，壓抑自己，忍氣吞聲或是覺得對方莫名奇妙，不予理會；第三種則是在氣頭上不要做出不理智或是害人害己的言語或行為，事後再說明對方讓自己生氣的原因，增進彼此互相瞭解的機會。很多人是因為不瞭解如何表達情緒，怕失控而認為不要表現出來最好。

四、情緒管理的目的是把情緒壓抑下來

有些人認為情緒「管理」就是控制情緒，把它壓抑下來。因為擔心情緒一發不可收拾，即使是快樂的情緒，也可能樂極生悲，所以採取壓抑的方式來處理情緒。然而壓抑情緒，就像大雨或大水不予疏通，一直累積下來，越積越多，越積壓力越大，終於抵擋不住，一發不可收拾而崩潰決堤。壓抑情緒是表面上平靜無事，被壓抑下來的情緒未獲紓解，積存在內，仍舊繼續發酵，讓小問題變成大問題，在心中波濤洶湧，一旦累積到忍無可忍，就會做出讓人出意想不到的事情來。很多震驚社會的兇殺案件，當事人的親友或鄰居，都說當事人平常溫和有禮，完全看不出會做出這種驚天動地的事情，就是因為當事人不斷的把情緒壓力下來，積存在心裡的結果。所以情緒管理的目的，不是要壓抑情緒，而是要尋求適當的管道，作為宣洩情緒的出口，才能擁有健康的身心。

五、情緒不能壓抑，要盡情發洩出來

情緒既然不能壓抑，那就盡情的發洩出來，好像言之有理，但是卻並不完全正確。毫不考慮的隨便發洩情緒並不妥當。例如：聽到某人批評自己，立即火冒三丈，想都不想，就毫不保留的痛罵對方，可能的後果是沒有澄清真相，結果白生氣又罵錯人，傷害別人以及雙方的友誼。當覺察到自己有情緒時，很快的評估一下，問自己：此時此地適合表達嗎？立即發

洩能達到我像要的目的嗎？一時氣憤脫口而出：「我辭職不幹了」，可能下一刻就後悔不已。所以經過評估，可能就會告訴自己暫時克制一下，等狀況清楚些或思考之後再採取行動，較為妥當（黃惠惠，2002）。

14.3 情緒管理

一、覺察自己的情緒

想要有效的因應我們的情緒，第一步就是要先覺察到自己當下有什麼情緒，不管你處在何種負面情緒中，先暫停、中斷目前的情緒，跳脫出來，讓自己冷靜一下，接著把注意力從外界（引起情緒的事件中）拉回來，注意自己此時此刻的情緒，去感覺、去體會、去關照一下自己現在有什麼或有哪些感覺，覺察自我內心的感受。

我們在成長的過程中，「小孩有耳無嘴」、「不能發脾氣」、「凡事要忍耐」的教育，都讓我們習慣以壓抑的方式來面對情緒，而強調智育的教育方式，更讓我們習慣於把注意力集中於外在事務，常常集中焦點在知識或資訊的追求上，以至於忽略了自己，使得情緒感受能力的發展遲滯，情緒感受能力降低，甚至當我們問：「你現在有什麼感覺？」，很多人是用「大腦」在想「我應該有什麼感覺」，而不是去覺察自己實在的感受是什麼？或者因為我們刻意要避免去覺察某些負向情緒，或是想否定某些痛苦的、不想要的情緒，我們的覺察力就漸漸封閉，變得比較麻木、遲鈍。如果在時間、空間允許的情形之下，嘗試著在一個安全的空間裡自言自語，把自己的感覺，不加責備、不逃避的說給自己聽；或是以藝術（如看電視、讀書、看電影、欣賞音樂和繪畫等）作為發洩的媒介；或是回到過去的經驗裡，從回憶中探索自己的情緒（蔡秀玲、揚智馨，1999），是瞭解、面對自己情緒的相當好的一種方法。

二、適當的表達情緒

　　情緒的表達不同於直接發洩(act out)，這是不負責任的放縱情緒與粗暴的攻擊，不但無效，也會破壞關係，有效的表達情緒是以平靜且非批判(non-judgementl)的方式，具體清楚的描述情感的本質。例如，某人做了一件令你生氣的事情，如果你罵：「你混蛋，你根本不算是個人！」、「我受不了你。」這樣的表達常常是兩敗俱傷。如果你說：「你答應今天要把報告交出來，結果沒有，使得整個計畫無法進行，我不喜歡這種行為，我很生氣。」你描述是有根據的事實，而非不負責任的指控，不但忠於自己的情緒，也讓對方瞭解他的行為及引發的結果。

　　情緒的表達可以分為使用「你…訊息」(you-message)或是「我…訊息」(I-message)的表達方式。其中「你…訊息」是一種相當普遍的無效表達方式。「你…訊息」的表達是針對自己的感覺來攻擊、責怪對方，將自己感覺的責任歸咎於對方，例如：「你有沒有大腦，又忘記交報告，我們都要被你害死了。」聽到「你…訊息」，會讓人感覺好像被對方指著鼻子批評、責怪，相當令人難堪，就算是被怪罪的人不對，也會讓人引起反感，忍不住就要反擊回去。

　　而「我…訊息」是為自己的感受或情緒負責的表達方式，只表達、分享自己的感覺。表達的方式是：

- 當…的時候（陳述引發你情緒或是讓你感到煩惱的行為），我感到…（陳述你的感受）
- 我感到……（陳述你的感受），因為…（陳述使你感到煩惱的事件）
- 因為……（陳述引發情緒的事件），我覺得（陳述你的感受）。例如：因為我想讓計畫如期進行，由於你遲交報告讓我很擔心又生氣。

　　使用「我…訊息」的注意事項：

1. 使用「我…訊息」的目的是在分享感受，不必急於企圖改變對方。因為如果你的意圖是藉此控制對方，使他順從你，或是為了責罵、攻擊

對方或使對方認錯、對你感到愧疚等，你不但會失望，還可能因此開啟了另一場戰爭。

2. 用字遣詞盡量明確，避免一般性的感覺詞彙，例如：「很好」、「可惡」。可以嘗試用「我很傷心」、「覺得委屈」等。在表達時僅可能少用「你如何如何」，當然必須直接提到對方時，「你」這個字是無可避免的（黃惠惠，2002）。

3. 非語言行為的配合。使用「我…訊息」，聲調語氣要配合，傳達禮貌、誠意給對方，才不會讓對方覺得受指責或攻擊。

三、轉換情緒的方法

1. **接納自己的情緒狀態**：徐西森（民 1998）認為情緒是生命中的一部分，唯有面對並接受他的存在，才是調適情緒的第一步，逃避或否定其存在，徒然增加解決問題、調適情緒的另一層負荷。

2. **給予自己情緒宣洩的空間**：在情緒不穩定或不舒服時，找人談談，把它說出來，具有緩和、撫慰及穩定情緒的作用。因此，建立個人的支持網絡，在需要時，能有家人或朋友聽你傾訴，給你同理與安慰是很重要的。當然尋求輔導或諮商專業人員的協助，也是陪你渡過難關的另一方法。或者以運動、唱歌、寫或畫的方式，也可以讓情緒得到宣洩，端視個人的習慣的方式而定。

3. **暫時離開引起情緒的環境**：環境會觸發情緒，像觸景傷情，在對某人生氣或嫌惡的當下，眼不見為淨是上上之策，沒有了觸發情緒的環境，情緒自然會逐漸和緩下來。

4. **轉移注意力**：遇到挫折、與人有衝突或是被責難的時候，不一定就能夠離開引起情緒的環境，可是在那樣的環境下，自己的情緒想要不受影響真的很難，此時如果看一本書，聽聽音樂，做一些其他的事情，讓自己轉移注意力，就可以讓情緒逐漸緩和下來。

四、如何面對他人的情緒

1. **積極的傾聽、同理**：傾聽是接收情緒訊息的最佳方法。積極的傾聽，不但讓說話的人得到鼓勵，在適當的反應之下，有情緒的人會覺察到自己的情緒化，能幫助對方紓解情緒，而且也能提醒自己別陷入情緒的傳染之中。眼睛注視在對方的雙眼和鼻子之間，說話者會覺得受到尊重，和說話者保持一個安全又適當的距離，身體些微前傾，放下手上的工作，同理對方並給予適時的回應，讓對方知道你在認真的聽他說話，並且瞭解他的意思及感受，這對他是極大的尊重與鼓勵。避免建議、說教、質疑、批評，讓對方不想再說下去。

2. **溫暖的陪伴與鼓勵**：人們在情緒的當下，往往六神無主，心情紊亂，並不一定需要建議或良方，即使給予建議，也思前想後拿不定主意，無法定下心來作理性的判斷。當情緒緩和下來之後，能夠心平氣和的面對問題的時候，自然能夠全力以赴的想辦法，有效的去解決問題。因此當他人在情緒狀況之下時，不論是生氣、悲傷或沮喪，除了積極的傾聽以外，適時的給予一些鼓勵，讓當事人覺得有一些支持的力量，讓自己能夠走出情緒的困境，去面對問題和解決問題。

 ## 14.4　壓力的威脅　

案例一：《社會短打》科技集團業務經理壓力大到夜不成眠

　　某科技集團的業務經理長期有失眠的困擾以及注意力不集中，記憶力變差，發現自己會經常亂發脾氣，感覺到很焦慮緊張，另外腸胃功能不佳經常拉肚子，工作績效嚴重受到影響，幾乎無法勝任工作，只好求助精神科醫師給予協助。

案例二：矽谷極端工作文化，造成優秀人才凋零！

（2019 商周新聞）

這位工程師的同事說，他生前非常努力，不僅僅得不到管理階層的賞識，還被要求加入績效提升計畫。

作為還沒拿到美國綠卡的移民，失去工作代表著簽證的失效，影響的不僅僅是失業這麼簡單，這也關乎到他和他的家庭的去留。這件事情很有可能是壓垮這位工程師最後的因素。

在矽谷，公司利用簽證與績效計劃的政策資源，來鼓勵工程師的就業發展，而使他們依附公司，進而造成非達到不可的目標，但是，沒有一份工作是值得你犧牲生命，任何一家公司也不會是你最後的歸依。所以工程師必須要調整自己的身心來應對各種橫逆與挑戰。

案例三：工程師看不見工作盡頭，工程師有著沉重的愛

（2020 寶瓶文化）

就是在家庭與工作之間，只能犧牲妥協，無法達到平衡這樣的情境，早出晚歸是這位三十歲年輕工程師日常的生活，就像在高速公路上，只有前進的選擇，而沒有下交流道這個選項。在工作與家庭的矛盾中、所付出心力與回饋不成比例，還好他及時調適自己的身心作出了正確的決定而沒有做出傷害自己的傻事令實心慰。

案例四：像隨時可以被拋棄的孤兒，就是科技產業工程師的悲歌？

（2015 雪花新聞）

在美國高通任職七年的華裔工程師遭到解雇，而改轉 QCT 部門，擔任合約工程師。身心無法平衡因而作出傻事。吳工程師為中國移民，生前在高通擔任全職工程師，但不幸再 2015 年 9 月的千人解雇中受到影響，直到隔年 8 月才又找到合適的工作，然而他還是調適不良，無法作到身心恆定的作用，令人扼腕。

由以上的多起案例可知，不論中外的專業工程人員，雖然具備豐富的專業的知識，但是能否有效的面對來自於工作或是生活上多方面的壓力，仍然是未知數？所以全人教育的工程倫理教育，從預防醫學的觀點來看，工程師的情緒管理與壓力調適是很值得重視的課題。

心理治療師湯瑪斯‧摩爾(Thomas Moore)發現在從事心理治療工作的經驗中，工作、婚姻及家庭狀況，都會造成心靈不安。我們的工作場所如果只講求功能和效率，忽略了心靈的需求，就無可避免的導致問題的產生。工作是精神生活的一個重要環節，現代人都以為它純粹是世俗的一種行為，只是為了賺錢或是養家糊口的實用功能，工作價值只在於追求金錢報酬，以至於忽略了工作所帶給我們的影響。

現代工業社會正在進入一個新的發展階段，即所謂的後工業階段，職業由專業與技術人員主導，理論知識居中心地位，資訊、時間、資源的供應不夠，人與人之間的競爭越趨劇烈，人們投入在工作中的時間增加，個人所需具備的技能，其目的不只為了就業，也要讓個人能在企業內進步，以發揮個人潛能，並對企業的策略方向做出貢獻。因此，除了專業能力以外，包括溝通技能、團隊合作技能、問題解決技能、原創與進取技能、規劃與組織技能、自我管理技能、學習技能、科技技能等都是個人所應該不斷學習與具備的能力。由於工作所導致的壓力日益增加，似乎是時勢所趨，也因此學習與壓力共處，適度調適壓力的正面影響，其重要性不容忽視。

 ## 14.5　壓力的性質與來源

何謂壓力？有關的說法眾說紛紜，不同的理論對壓力採取不同的看法，有些視壓力為一種刺激(stimulus)－生活中的痛苦或傷害（如失業），

有些則視壓力為一種反應(response)－問題發生後生理或心理上出現的症狀(Whitehead, 1994)。

心理學家 Lazarus 和 Folkman(1984)視壓力為一個歷程，認為：「壓力是指人與環境互動後，個人知覺到自我或環境的要求與其生理、心理或社會資源間有所差距，而想要去處裡或面對的過程」。心理學家(Hans Selye)則認為，個人在面對各種壓力時，會產生一般適應症候群(grneral adaptation syndrome)。

個體在遇到各種壓力的初期，處於警覺階段(alarm stage)；此時期交感神經系統的反應相當活絡，腎上腺分泌增加，生理處於備戰狀態，隨時準備對壓力做反應。假如壓力繼續存在、無法排除、則進入抗拒階段(resistance stage)；此時期個體將大部分的生理功能，用來對抗原來的壓力，生理功能處於高昂狀態，假如該壓力仍然持續存在，個體無法抗拒則進入耗竭階段(exhaustion stage)；此時期個體喪失適應能力，體能消耗殆盡，筋疲力竭，嚴重者會導致死亡。

不論對壓力採取何種看法，都顯示出壓力其來有自，所以要有效應付壓力，就必須先找出壓力的來源；其次則是瞭解個人在壓力情境中的身心變化；然後才能對症下藥，找出如何調適壓力的方法。

人們在家庭、學校、社會中都扮演不同的角色，有著不同的要求與責任，同時要面對自我的生理和心理的改變，以及環境的改變與災害，因此壓力可能同時來自於外在環境以及心理因素。

一、環境壓力

包括居住環境擠迫、交通擁塞、環境衛生惡劣、噪音汙染、空氣汙染、自然生態破壞、治安惡化，社會風氣敗壞、法律及社會制度不健全、經濟不景氣，通貨膨脹或是自然災害等，都會讓生活在其中的人們感受到無形的壓力。

二、生活中的改變

　　新的環境和生活方式都需要人們去重新學習與適應，以至於形成壓力。例如換工作、換老闆、換單位、升遷、調職、家人死亡、同居、分居、結婚、離婚等，都會對於當事人造成大小不等的壓力。

三、生活中的瑣事

　　每一個人每一天都必須要面對許多大大小小的事件，需要花許多的心思去處裡，或是面對一些不滿意卻又無法改變的事實，壓力就不知不覺的日漸累積。

1. **個人壓力**：包括前途不明朗、健康欠佳、儀表不出眾、能力不如人，以至於自卑，失落，焦慮等。

2. **同儕壓力**：缺乏知己朋友、被同事或朋友玩弄，欺騙、與同事或朋友發生糾紛、被同事或朋友冷落，排斥、同事工作績效比自己好、同事或朋友以名牌炫耀自己等。

3. **家庭壓力**：父母期望過高、父母責罵，囉唆，與父母缺乏溝通，親子關係不和、與兄弟姐妹不和、父母親經常爭吵、家庭破碎、家庭經濟狀況欠佳、兼顧太多家務等。

4. **學校壓力**：功課繁多，測驗和考試頻繁、功課艱深，成績不理想、老師要求過高、師生缺乏瞭解及關懷、同學關係不好、校規太嚴，被學校處分等。

5. **愛情壓力**：沒有異性朋友、異性朋友太多、彼此缺乏溝通，性格不合、過份遷就對方、彼此期望及要求過高、對性的期望不同等。

四、心理因素

　　外在事件對於人們心理的影響看不到、摸不著，往往容易為人們所忽視，或是做出錯誤的歸因，以至於無法針對問題的癥結做處理，導致問題日益嚴重，從小問題變成大問題，大問題變成無法收拾的局面。

1. **挫折(frustration)**：是指個體的需求和想達到的目標受到內在或外在因素的阻礙而產生。例如上述生活中的瑣事往往都會引起挫折，小至上班遲到、買不到喜愛的手機、調班被拒絕、翹班被抓包，大到失學、失業、失戀、失婚等都會導致挫折感，引起焦慮、煩惱、憤怒、退化、攻擊等情緒和行為。

2. **衝突(conflict)**：在心理學上是指當個人同時有兩個或兩個以上的動機，而無法同時獲得滿足時，所產生的心理困境稱為衝突。包含：(1)雙趨衝突：魚與熊掌不能兼得，只能選擇其一的心理衝突情況。例如甲公司薪水高，乙公司紅利多，到甲公司上班，就羨慕乙公司的紅利，到乙公司上班，又後悔沒有甲公司的高薪；(2)雙避衝突：兩者都不喜歡，但卻一定要選擇其一，所造成的左右為難情境。例如甲工廠噪音大，乙工廠空氣差，卻必須要選擇其中一個工作場所，要做成決定就非常的煎熬；(3)趨避衝突：對於某一目標又愛又恨所造成進退兩難的心理困境，例如想升課長，卻又怕負責任；想加薪，又不願意外調。上述情境都讓當事人在面臨抉擇的時候進退維谷。

　　在社會學上，衝突是指兩個人、團體或國家因為彼此目標、觀點、立場、需求和行動等的不一致而互相干擾。包含人際間衝突、團體內衝突與團體間衝突。人際間如上司、屬下的衝突，同事之間的衝突，單位之間的衝突等。團體間的衝突所涉及層面往往較廣。國內兩大房屋仲介龍頭驚爆「無間道」戲碼，信義房屋指控，永慶房屋總經理派弟弟到信義房屋臥底 18 年，刺探竊取商業機密，導致信義房屋多件重大交易案件被永慶搶走，即屬於震驚社會的團體間的衝突。

　　無論如何，衝突的產生都會造成當事人情緒激動、焦急、不安、喪氣等，甚而恐懼、愧疚、生氣、受傷等。

14.6 壓力的影響

　　壓力對人們形成多方面的複雜影響，人們常常表現出壓力症候群而不自知。例如趕著打卡的上班族卻被塞在車陣當中時，不自覺的就開始煩躁、惱怒（情緒反應）；然後逐漸的心跳加快、血壓升高（生理反應）；接著就抖腳、摳指甲或咒罵別的駕駛（行為反應），因此，當人們面對壓力時，有三種最常見的反應產生。

一、情緒反應

　　伴隨壓力而來的情緒化反應相當明顯，而且往往是負面情緒。在壓力影響下，人會變得抑鬱、激動、無助、絕望、情緒低落、坐立不安、焦慮、驚惶、困擾、煩躁、心神恍惚等。即使像升遷、加薪等事件，雖然當事人一方面會人逢喜事精神爽，卻仍然可能伴隨著些許緊張、焦慮的負面情緒。常見的情緒反應包括：

1. **生氣、憤怒**：是最常見的壓力所引起的情緒反應，其強度可以從微慍到暴怒。

2. **緊張、焦慮**：不能如期完工的壓力所導致的緊張、焦慮、擔心，讓人心急如焚、坐立難安。

3. **沮喪、悲傷**：人生不如意事十常八九，生活中的挫敗如影隨形，導致人們沮喪、悲傷。

二、生理反應

　　壓力引起情緒反應的同時，也帶來生理上的變化。當人們面臨重大壓力時，生理調節機制：自律神經系統(Autonomic nervous system)中的交感神經系統(sympathetic nervous system)會激發起一聯串危急狀態之生理準

備（如表 14-1），隨著壓力結束，副交感神經系統(Papasympathetic nervoius system)負起減緩與修復應付壓力時的耗損。然而如果一個人處於重大壓力時間太長或是日常繁瑣事務過多且延宕時日過久，都可能因為生理性的因素，導致自律神經失調，免疫力降低，身心症狀可能隨之而來，再嚴重就可能危及器官的正常運作，導致許多慢性疾病的產生。由於壓力可引起各種常見的病症如：頭痛、頸痛、胃痛及腰骨痛等，或各種不適症狀，如頭暈，心跳加速，呼吸不順，肌肉緊張等，嚴重的更會出現作嘔作悶，發冷發熱或麻痺，針刺的感覺等。所以頭痛醫頭、胃痛醫胃，常常都只是治標，真正對症下藥的方法，應該是解除壓力的來源，或是有效的作壓力管理，頭痛、胃痛的老毛病自然不藥而癒。

🏵 表 14-1　自主神經系統相對作用關係

交感神經作用	副交感神經作用
瞳孔放大	瞳孔縮小
支氣管收縮，呼吸加速	支氣管擴張，呼吸減慢
心跳加快	心跳減慢
全身冒冷害	全身放鬆回暖
肌肉緊繃	肌肉放鬆
血液加速凝結	減少抗發炎作用
血液中糖分和脂肪大增	醣類代謝增加
消化速度減慢	增加胃與胰臟消化功能

（資料來源：鄭麗玉等(2006)，心理學。臺北，五南圖書出版股份有限公司，377 頁）

三、行為反應

　　人們面對壓力情境下的情緒反應或是生理反應，常常都是在不自覺的情況下所產生的自動化反應，讓人們覺得心情不好或是身體不適，然而壓力狀況下所產生的行為反應則更嚴重的影響人們在生活上的適應。包括使人難以專心，錯誤百出，短期記憶力衰退，判斷力下降，出現幻覺，思維

混亂,反應速度減慢及組織能力退化等。長期的壓力調適不良,將出現一些反常的行為,如精神萎靡,舉止古怪,無故曠職,敷衍問題,推卸責任,濫用藥物,玩世不恭,暴飲暴食,常作白日夢,忽視新事物,有自殺的傾向,人際關係惡劣,語言問題增加,失眠或睡眠過多,食慾不振或過強、興趣減低及缺乏安全感等。在工作上則顯現出表現退步,工作績效不彰,或是導致工業安全問題,無法有效勝任工作,甚至職業倦怠(burnout),帶給自己及組織極大的困擾。

四、正向效果

　　壓力處理不當的結果,雖然產生許多不良的情緒、生理及行為反應,然而卻並不表示壓力只帶給人們消極負向的影響,適當程度的壓力,或是能有效控制壓力的人,可以在情緒方面:充滿希望,勇於接受挑戰,能自我控制,肯定個人價值,並認識自我能力。在認知方面:讓人專心致志,多作觀察,建立目標,按部就班,思考人生,和保持客觀的判斷。在行為方面:讓人靜心思考,保持運動,放鬆自己,自我檢討,多作休息,關心別人,接受新事物,能寬恕別人,保持良好的人際關係,且會為自己的成長而高興。所以積極面對壓力,其實可以使人焦慮減輕,擁有安全感,生產力增加,及人際關係更親密等,增進有效適應環境的能力。

14.7　壓力調適的方法

　　現在的年輕人被冠上「草莓族」的稱號,原因是有些年輕人的抗壓性相當低,一碰到壓力就表現出明顯的負向情緒反應、生理反應或是退縮、逃避等行為反應,就像草莓一施壓就爛了一樣。其實每個人都有大小不等的壓力,有些人似乎比較能夠有效處理壓力,有些人則抗壓性較低,何以有此差別的原因,可能和個人在成長過程中的經驗或是不同的人格特質有

關，然而只要抱著學習的心態，不斷的學習如何面對壓力，都可以協助個人在生涯發展過程中，增進有效適應壓力的行為。有效應付壓力的方法很多，以下的方法是常見的壓力調適策略：

一、 認知重建，學習從不同的角度來判斷事情，對生活中的問題抱持正面想法

有些人在面對壓力情境時，會不由自主的擴大問題的嚴重性，以致於覺得難以應付；或是注意力放在可能失敗的情況上，覺得成功的機率微乎其微；或是消極的認為命運操縱一切，自己無力可回天。

不要訂立難度太高的目標或是背負太多責任，做自己能力範圍內，經過努力便可達成目標的事情。不要對自己抱太高的期望，以免帶來更大的挫敗感。認真確切地分析問題核心，鎮定、沉著去面對問題，同時亦不忘放鬆自己，注意力放在可能成功的情況上，有建設性地去處理問題，以積極正向的心態，學習自我控制命運，偶爾給自自己一些獎勵，累積小的成就，成功感與自信心就油然而生。

二、 尋求朋友和家人的社會支持

個人遭遇困難或挫折時，社會支持是紓解壓力非常重要的管道。社會支持是指社會中的個體或團體，例如：朋友、同事、同學、社團、教友等，對自己提供物質或是精神上的支援。個人與社會相互依存，個人在遭遇壓力時，周遭的親朋好友如果能夠適時予以協助，不論是心理的支持或是實質的協助，對於化解壓力對個人的影響，有相當大的功效。獨自面對壓力是十分痛苦的事，找尋可以信任的朋友陪伴比單獨面對要好得多。不開心的時候，把內心的感受表達出來，例如找人傾訴、哭泣，也可以讓心情開朗許多，然後才能夠擺脫情緒困擾，面對問題做有效處理。要面對突如其來的改變，或要作重大決定之前，例如轉變工作、結婚等，如果能夠先諮詢一些熟悉的親友，聽取別人的建議，可以在作決策之前，有多方面參考的依據。

三、時間管理策略，避免在短時間內同時處理多種活動

當有許多工作必須在限定的時間之內完成，如果無法達成目標，就會產壓力。時間管理技巧對於工作績效也有相當大的影響。時間管理的技巧有下列幾項：

1. 依照工作的重要性排列優先順序，先完成重要的工作，再完成次要的工作。

2. 將艱鉅的工作化整為零，逐步加以完成。

3. 將工作安排每日、每週的進度，按進度來執行。

4. 充分運用零散的時間，例如等車、排隊、等人的時間。

5. 養成今日事今日畢的習慣，以免今天不做，明天就後悔，現在不做，等一下就後悔。

6. 在一天精力最旺盛、最有工作效率的時段，做最重要的工作。

7. 有些工作可請人代勞，不必事必躬親。（葉重新，2006）

四、學習自我鬆弛法

鬆弛是一種身心的感覺，讓人感受到身體肌肉的放鬆，心境的舒暢。鬆弛技巧是預防壓力對身心負面影響的最有效和最直接的方法。同時鬆弛技巧可減低緊張的情緒，減少日常生活中的各種壓力，更讓身體增加體能儲備，為應付壓力做萬全的準備。

◆補充資料

1. 心靈雞湯：壓力管理

有一位講師於壓力管理的課堂上拿起一杯水，然後問聽眾說：「各位認為這杯水有多重？」 聽眾有的說 20 公克，有的說 500 公克不等。

講師則說：「這杯水的重量並不重要，重要的是你能拿多久？拿一分鐘，各位一定覺得沒問題；拿一個小時，可能覺得手痠；拿一天，可能得

叫救護車了。其實這杯水的重量是一樣的,但是你若拿越久,就覺得越沉重。

這就像我們承擔著壓力一樣,如果我們一直把壓力放在身上,不管時間長短,到最後我們就覺得壓力越來越沉重而無法承擔。我們必須做的是,放下這杯水休息一下後再拿起這杯水,如此我們才能夠拿得更久。

所以,各位應該將承擔的壓力於一段時間後,適時的放下並好好的休息一下,然後再重新拿起來,如此才可承擔久遠。」

2. 「精疲力竭」測量表(The Burnout Scale)的應用

請先反省你的生活,在過去半年到一年時間中,你的生活改變了多少?其中包括你的工作、人際關係,及家庭。由自己評量各題的分數,從零到五分。如果你覺得現在的情況跟以前一樣好,甚至比以前更好,給自己零分;如果你覺得情況比以前以前壞很多,給 5 分;如果是介於最壞與最好之間,自己衡量一下,給 1~4 分。

(1) 你很容易疲倦?覺得提不起勁來?

(2) 你煩惱別人告訴你,「你最近看起來不是很好」的說法?

(3) 你的事情越來越多,但完成的卻越來越少?

(4) 你逐漸地增加:「冷嘲熱諷」及「警覺」的現象。

(5) 你常有無法解釋的傷感襲上心頭?

(6) 你變得健忘、或忘記帶走自己的物品?

(7) 你變得很容易發怒?脾氣暴躁?並且對周遭的人們越來越不滿意?

(8) 你變得不常探訪親人及朋友?

(9) 你忙碌到無法做一些例行性的事情,例如:打電話聊天、看報,或過節時送卡片?

(10) 你的身體有某些不適,例如:頭痛、身體某部位的疼痛或持續性的感冒?

(11) 當一天的活動突然停止,你會覺得不知所措嗎?

(12) 你避開去尋求愉快的經驗嗎？

(13) 你無法自我解嘲，把自己當做開玩笑的對象？

(14) 性對你而言，困擾多於其價值？

(15) 你與他人沒有什麼話好談？

◆結　果

0~25 分，表示你的狀況不錯。

26~35 分，表示你需要留意了。

36~50 分，表示你已處於壓力中，並離精疲力竭不遠了。

51~65 分，表示你已經被壓力弄得精疲力竭了。

65 分以上，表示壓力對你的健康已造成顯著的威脅。

（資料來源：黃天中(1998)生涯規劃概論。臺北市，桂冠圖書股份有限公司）

編著・黎淑慧

15 CHAPTER

工程倫理之相關法律探討

Engineering
Ethics

工程倫理與法律層面相關的議題層面很廣，本章僅以《就業服務法》、《性別工作平等法》與《勞工退休金條例》提出討論，養成遵循法制的習慣，不要心存僥倖，將一生受益無窮。

15.1　前　言

　　某個學校有一班大二的學生，寫了一封信給教育部，抱怨教課老師教的不好，使得該校大為緊張，審視該事件處理過程，內心很有感慨，一是學生是否不了解學校有正常之申訴管道，其二是學校如何看待此事，其三是對老師當事人之公平性？其四是一、二級主管在面對學生所作之說明是否恰當？

　　但最令我們無法理解且受傷的卻是當校方解說事情之來龍去脈時，學生竟然阻斷師長的發言，掩然像是一位立委質詢政府部門之官員，他們不要聽校方對授課老師平日教學的說明，而是想瞭解校方要如何對老師作「處置」？即是換掉老師。

　　當時，校方很震憾，學生之權利是否大到可以換老師？一位老師能進入一個學校教書，早已經過三級三審的程序，也擁有教師證書，才可能授課，如果老師沒有貪汙或不到課或沒有對學生傷害（例如：性騷擾或性侵害），是否學生有權撤換老師？

　　師生關係是倫理關係，但今日學生對老師之尊重早已不復見，掩然以為學生最大，其實學生時代是一個學習的過程，不斷從不同的老師中吸收各項做人、做事的道理，就像尊敬父、母，尊敬長官一般，這就是倫理關係。

今日教育最缺乏的就是對倫理之忽視、沒有尊重的體認、不重視禮貌運動之執行，3~5 年後，大學生即將入社會工作，是否在職場上能適應？是否能對長官交待事項如期完成，是否能守住職場道德，而不是全部以利己之角度出發。在校方看來，這是需要經過相當大的考驗的。

因此，在技術與知識日新月異的今天，工程對於社會與環境的影響，已超乎過去的想像。專業工程人員的專業素養及操守所影響的不只是工程本身，往往涉及民眾的生命財產安全與自然生態環境的平衡。工程專業及從業人員的工程倫理，不僅攸關建設品質的優劣及所有人、使用人權益，更間接影響國家整體的競爭力。在國際市場越來越開放的全球競爭環境下，為求永續發展，因此工程倫理扮演著極為重要的角色。

15.2　工程倫理之義

何謂「倫理」之義？即是「倫」就是類，「理」就是紋理，引申為一切有條貫有脈絡可尋的道理，是說明人對於家庭、鄰里、社會、國家之態度，闡明各種關係上之正當態度，即謂之「倫理」。所謂五倫即君臣、父子、夫婦、兄弟、朋友。所謂天、地、君、親、師，皆是我們需尊敬的對象。

「倫理」是一套價值規範系統，「一般倫理」所論者為適用社會所有成員的價值規範，而「專業倫理」則是針對某一專業領域中的人員所訂出之相關規範。依據大法官釋字第 352 號及第 453 號解釋理由：專技人員指「具備經由現代教育或訓練之培養過程，獲得特殊之學識或技能，而其所事之業務，與公共利益或人民之生命、身體、財產等權利有密切關係者。」而根據西方學者的說法，「專業」指一種需要特別養成或教育過程、運用特定領域知識的專責工作，不僅能為社會帶來貢獻，也受到社會尊重。當

同類專業成員發展到具備社會組織的形態時，該同儕或同業組織即產生一些特有的內部規定，除確保其成員皆受過合格的能力條件外，亦包括規範成員間的相處方式，以維繫組織內部的和諧，以及規範此一專業應擔負的社會責任。

或許有人將社會上的公共利益寄望於法令制度，不過，法律的規範對於不當的違失行為固然可以產生強制、警示及懲戒作用，但面對「法有時而窮」的現實，它常常只能達到消極性的防弊，無法作到積極的興利，甚且讓部分不肖或投機人士在灰色地帶上，產生偏離常軌或不利於社會公義的行為，造成社會資源的浪費、安全衛生的危害或生命財產的損失。

一般公認法律乃為道德倫理之基本要求與最低標準，且因為明文法條往往跟不上社會現狀的變化多端，在有心人士的刻意鑽營下，現代社會始終存有破壞秩序之不確定因數。另一方面，因為倫理與法律屬於群體社會行為準則之共識，其主要目的係維持社會安定秩序。所以，如欲建構公平、公正之社會秩序，提升整體環境品質與風氣，強化倫理之振興與推動，實乃正本清源之道。

總括而言，「專業倫理」包含兩個層面，其一是牽涉組織內部的問題，其二是攸關此專業與社會間的關係；其中以專業應擔負的社會責任問題較受關注，此有賴於專業人員本身的自覺，或經由社會群體、政府組織對其施加的期待與壓力，以訂定規範的方式要求其遵行。專業族群包含很廣，例如醫師、律師、會計師、建築師、工程師等；其中對於工程人員而言，「工程倫理」的首要意義，在建立專業工程人員應有的認知與實踐的原則，及工程人員之間或與團體及社會其他成員互動時，應遵循的行為規範。其探討的內容，說明工程人員應維護及增進其專業之正直、榮譽及尊嚴，增進工程人員對職業道德認識，使其個人以自由、自覺的方式遵守工程專業的行為規範，利用所學之專業知識及素養提供服務，積極地結合群體的智慧與能力，善盡社會責任，達成增進社會福祉的目的。

因此，在倫理概念下的倫理行為，可以說是社會所認同的一致性職業行為規範、定律及原則。即便是倡言「管理者唯一的責任是追求股東的最大利益」的著名經濟學家傅利曼(Milton Friedman, 1912~2006)，都講企業管理者應該在符合社會基本規範（包括法律及倫理習慣）要件下，儘量去賺錢，可見倫理規範的重要性。實務上的倫理概念，通常以倫理守則的方式建立規範。一般而言，倫理守則有下列各方面的重要性：

1. 服務及保護社會大眾。　　　　2. 行為指引。

3. 激勵作用。　　　　　　　　　4. 共用準則。

5. 支持負責任的專業人員。　　　6. 教育及互相瞭解。

7. 阻卻及懲處。　　　　　　　　8. 有助專業形象。

其次，由於「工程倫理」之功能需維持工程人員之間及其組織內部之和諧，並增進各工程專業對社會福祉之貢獻，故隨著工程人員的「義務發生對象」不同時，產生之工程倫理議題亦有所差異。根據國內外文獻資料彙整結果，對於工程專業本身及其與各「義務發生對象」間之互動，經常遭遇之衝突與問題涵蓋下列 5 項：

1. 明顯違反道德上的「善」的問題。

2. 灰階區域內非黑非白的道德問題。

3. 明顯違反法律與道德，但積久成習的陋規問題。

4. 不容於法律，但不易被察覺或不便依法執行的問題。

5. 關係利害衝突造成抉擇兩難的問題。

我們參考相關國內外工程倫理規範、準則之內容，歸納工程人員之「義務發生對象」的社會層級為三個類別及其所包含之項目如下：

1. 工程人員之社會責任：其義務發生對象包括「人文社會」及「自然環境」等二項。

2. 工程人員本身及其與外部之互動關係：其義務發生對象包括「業主或客戶」、「承包商」、「雇主或組織」、「同僚」及「個人」等五項。

3. 工程人員對其專業之責任：主要即針對其本身之「專業」。

4. 依據國內相關研究，將常見之倫理課題進一步整理，並依其可能發生之社會問題分類，其中尤以《就業服務法》、《性別工作平等法》、《勞工退休金條例》相關問題最多。

15.3　工程牽扯之法律議題

一、就業服務法

由最簡單的說法來看，《就業服務法》看來是規範外籍勞工最主要的法令，如果外籍勞工的數量不多，相對而言，本法規也許就沒有那麼重要。不過，明顯的一件事是：近十年來外籍勞工人數激增，根據行政院勞委會（現勞動部）的統計，在民國 80 年年底時，臺灣只有 2,999 名外籍勞工，而且是全數支援政府重大公共工程，從 81 年開始，人數即開始增加，且從事之工作也開始多樣化，102 年 4 月，臺灣外勞人數（不含外籍專業人士）約為 45 萬 4,171 人，其中產業外勞人數 24 萬 5,620 人，社福外勞則為 20 萬 8,551 人。至 103 年底，全國共有 55 萬 1,596 名外籍勞工；其中，男性為 23 萬 4,000 名左右，女性則為 31 萬 7 千名左右。

外籍勞工之所以激增，就某方面來看，是因為其薪資較低，所以可以降低廠商的生產成本，特別是在生產成本中佔相當比例的人事成本，從而增加廠商的競爭能力；然而，也因為此部分成本的重要性，所以也可能降低了我國國民的就業機會。

　　在中華民國立法院三讀通過《就業服務法》修正案後，大幅放寬外籍人士在台工作的規定及增加公私立高中職以下聘用外籍語文師資，使教育部引進外籍師資計畫獲得法源依據。外籍人士與我國民結婚並取得居留權後，不須申請許可便可工作。修正案中也放寬外勞的離境規定，將工作滿3年需離境40天才能再返台工作的規定，放寬為離境1天。而現行私立學校及短期補習班可以聘請外語教師的規定也放寬為公立中、小學均可聘用外籍教師，原提案版本放寬至公私立幼稚園、托兒所也可聘用外語師資則未通過。

　　鑑於開放外籍教師可能衝擊本國教師的工作權，附帶決議要求教育部僅得開放已有相關教學經驗的外語老師，英語教學也應以本國教師為主、外籍教師為輔；每年引進的教師總額應配合本國教師培育進度。

　　在此，茲將《就業服務法》立法目的說明如下：

　　法律，是達成目標的一種手段。所以，法律之制訂，通常均有其目的。就法律條文來看，本法第一條明訂「為促進國民就業，以增進社會及經濟發展，特制定本法」。換言之，《就業服務法》之目的不但在於促進國民就業；更希望透過這種方式以促進社會及經濟發展。「促進國民就業」為本法規的直接目的：「增進社會與經濟發展」則為本法的間接目的。對於這種說法，如果從最嚴格的觀點來說，我們可以看出，《就業服務法》事實上比較難以做到「促進國民就業」，而比較有可能做到「促進經濟發展」。因為，從《就業服務法》法規的內容與罰則以及層出不窮的勞資糾紛來看，本法規的目的是陳義過高的。

　　為什麼《就業服務法》在促進國民就業的效果可能不如想像中的好呢？因為「促進國民就業」這個目標的達成，就任何一個沒有學過經濟學的人來說，都十分清楚：欲促進國民就業，必須有相當多的條件配合。這不但涉及國內因素，更因為經濟現象的連帶性，而無可避免的也會受國際情勢之影響。這就像欲改善國內治安，不能只訴求警察或見警率。因此，根據同樣的邏輯，只憑一個法律就想要促進國民就業，即便不能說是緣木

求魚，多少也有些異想天開。這只要去觀察本法關於促進國民就業的條文規定（例如：第 3 章第 21 條或第 22 條），就可以瞭解。

當然！這種見解或許被認為過於嚴苛；同時也有人會辯解：政府的主觀目的並不因客觀上無法實現或難以實現，而使主觀目的失去正當性。

二、性別工作平等法

《性別工作平等法》在民國 90 年 12 月 21 日經立法院三讀通過，並自 91 年 3 月 8 日國際婦女節正式施行後，已為我國性別工作平等目標之達成，向前邁進一大步，而讓憲法增修條文中所揭之消除性別歧視、促進性別地位實質平等之理念得以更早實現，其意義自屬非比尋常。在本法中，有關工作場所性騷擾之防治是以專章加以規定，相關條文多達十條，占去全法篇幅達四分之一，足見所受重視程度之一斑。

事實上，就在過去本法草案由所謂「整合版」演進至「協商版」，而完成正式立法之過程中，有關性騷擾所引起之各項爭議，無論是在美國或我國，都有越演越烈之趨勢。在美國，自聯邦最高法院在 1998 年連續作出三項涉及工作場所性騷擾之判決後，另外還在同年及次年針對兩件校園性騷擾爭端加以進一步澄清，我們很難想像一個國家之終審法院能在兩年內作成五則相關裁判，這也反映出這類性別互動所引起之衝擊，將來只有越趨複雜頻繁，值得吾等加以正視，而該國學界對這些聯邦最高法院所做有關工作場所及校園判決之評析，尤其是女性主義法學者(legal feminists)對此類爭議所提出之各項質疑批判，還有所能提供之各類救濟管道等，都能夠對我國建構此一法制時，提供相當具有價值參考攻錯之用。

至於在我國方面，即使在《性別工作平等法》完成立法之前，透過公部門各機關之努力，就已經展開全面制定處理此類爭議之內部及外部申訴機制之各項工作，其中尤以臺北市政府就業歧視評議委員會及臺北市性騷擾評議委員會之表現最為亮麗，不但得以有效配合本法之實施，而且也是各私營事業單位得以仿效參酌之對象。此外，其他政府機構所採取之相關

改革措施，也為在我國推行職場性騷擾之防治工作，奠定極為堅實之基礎。一般而言，透過這些由公家機構所主動採行之各種作法，再加上《性別工作平等法》中對私營事業單位建構相同制度之規範，已使我國成為亞洲國家在這方面領先群倫者，即使與歐美國家之相關制度相比，也是毫不遜色。至於發生在醫療院所之性騷擾爭議，也因我國法院一則相關判決而開始引人注目，這也代表著除發生在工作場所及校園之性騷擾事件外，其他領域－尤其是因專業或一般服務之提供所引起之同類糾紛，也會陸續出現，而應速謀解決之策。

男女之間的差異是建立在生理上的，男性身體與女性的身體不同，使男性與女性在體力、速度、耐力、柔韌性和靈活性上有不同；兩者腦部的不同，使兩者在思維方面有不同。歷史事實說明，這些差異對男女爭權奪利沒有絕對決定。在得到相同的權力與成就的機會上，男女是平等的。男性與女性會在不同的條件下分別占有一定的爭權奪利的優勢，但不是永遠。

現在社會上的不平等，是社會制度、社會習俗造成的。人類文明在全球各地都經歷了父權社會幾百年或幾千年的統治，因為在某個時期，男性相對於女性的差異使他們有較大的機會得到更多的權力，後來他們就企圖永遠壟斷這種優勢的社會地位，嘗試永遠奴役女性。他們作了千百年的努力，形成了巨大的社會及思想慣性。在今天，女性爭權奪利的優勢與男性差不多，這可能是由於今天的權力傾向以知識為主要支柱，而男性比女性對知識的理解力沒有多優勢，但仍有一些人在意識或潛意識中以為女性是社會二等公民。

我國《憲法》關於男女平等的規範，最重要的自屬《憲法》本文第 7 條的規定：「中華民國人民，無分男女…在法律上一律平等」以及《憲法》增修條文第 10 條第 6 項之要求，「消除性別歧視，促進性別地位之實質平等」（註 1）此外，與男女平等之理解密切相關的條文尚有：《憲法》增修條文第 10 條第 6 項之規定，「國家應維護婦女之人格尊嚴，保障婦女之人身

安全」;《憲法》本文第153條第2項規定,「婦女兒童從事勞動者,應按其年齡及身體狀態,予以特別之保護」;最後,《憲法》本文第156條並規定,「國家為奠定民族生存發展之基礎,應保護母性,並實施婦女兒童福利政策」。對此等條文應如何理解,更重要的,《憲法》第7條之禁止性別歧,其與憲法增修條文第10條第6項及前述其他對婦女採取保護措施的《憲法》要求之間的關係如何,自然影響到「性別平等」概念的具體掌握。

三、勞工退休金條例

(一)《勞工退休金條例》規範結構

1. 《勞工退休金條例》分成7章,共58條,首章總則第1~6條,揭示立法目的及適用原則、明定中央與地方主管機關、統一勞工與工資等名詞之定義、設立監理委員會、委由勞工保險局主辦退休金管理業務,並確定以勞工退休金個人專戶為基本之退休保障制度。

2. 第2章第7~13條,以制度之適用與銜接為名,明定本條例之適用對象限於本國勞工、新舊制之選擇與轉換、舊制年資保留與提存、資遣費之給與及計算等事項。

3. 第3章第14~34條,規定退休金專戶之提繳與請領,規範內容包括退休金題繳率及其調整、提繳作業程序、退休金之請領及計算方式、年金給付保險、遺囑給付、權利保護、勞退基金之管理與運用。

4. 第4章第35~39條,規定年金保險相關事項,其內容為年金保險適用條件、年金保險費率、保險契約之關係人與新舊雇主因受雇人轉換工作之處理原則等事項。

5. 第5章第40~44條,規定監督及經費,內容含業務資料查核與申訴、金融機構與監理會之通知義務、善良管理人義務、行政費用由中央主管機關編列預算支應與免稅規定。

6. 第 6 章第 45~55 條為罰則規定，對於違反本條例規定之雇主、事業單位、金融機構、保險公司或其他因執行職務違反規定之行為人（自然人），處以罰鍰及加徵滯納金之規定。又依本條例第五條規定，有關滯納金加徵與罰鍰處分及強制執行，由中央主管機關委任勞工保險局辦理。

7. 第 7 章附則為第 56~58 條，主要規定事業單位因分割、合併或轉讓而轉讓者，其積欠勞工之退休金，應由受讓事業單位承受。其次，明定本條例自總統公布後一年實施（民國 104 年 7 月 1 號修訂）。

（二）《勞工退休金條例》主要特色

而在制度設計上，由於新制在許多設計上迥異於當前勞基法中的退休金設計，因此以下即簡述勞退新制各項主要特色：

1. 個人專戶為主，年金保險為輔

雇主應按每月工資 6%（或以上）為勞工按月提繳退休金，儲存於勞保局設立之勞工退休金個人專戶；僱用勞工人數 200 人以上之事業單位經工會同意，事業單位無工會者，經二分之一以上勞工同意後，可投保符合保險法規定之年金保險。

2. 適用對象

強制提繳對象：適用《勞動基準法》之本國籍勞工。包括定期契約工、工讀生、清潔工等。但依《私立學校法》之規定提撥退休準備金者，不適用之。此外，實際從事勞動之雇主及經雇主同意為其提繳退休金之不適用《勞動基準法》本國籍工作者或委任經理人，得自願提繳，並依本條例之規定提繳及請領退休金。

3. 可攜式設計

勞退新制施行後，選擇新制之勞工於工作期間，雇主所為其提繳之退休金，可以累積帶著走，並不因其轉換工作或事業單位關廠、歇業而受影響。

4. 資遣費計算降低

勞工除每月有雇主按月為其提繳之退休金外，如於新制後，遭雇主依法定事宜資遣時，其適用本條例後之工作年資，雇主仍應發給資遣費。每滿 1 年給與 0.5 個月平均工資，最高發給 6 個月平均工資。

5. 自願提繳稅賦優惠

勞工得在其每月工資 6%範圍內，自願另行提繳退休金。勞工自願提繳部分，得自當年度個人綜合所得總額中全數扣除。

6. 勞工退休金有最低保證收益

個人專戶勞工退休金運用收益，不得低於中央政府所在地之銀行 2 年定期存款利率；如有不足由國庫補足。年金保險之收益亦不得低於中央政府所在地之銀行 2 年定期存款利率。

7. 提領方式及標準

新制實施後，不管是否仍在職，只要年滿 60 歲皆可請領退休金。工作年資滿 15 年請領退休金者，應請領月退休金；但未滿 15 年者，則應請領一次退休金。勞工開始請領月退休金時，應一次提繳一定金額保險費，投保年金保險，以作為未來存活超過平均餘命時之生活所需。

8. 舊制年資保留

關於勞工之舊制年資，採應予保留方式處理，惟雇主應依選擇適用勞基法退休制度與保留適用本條例前工作年資之勞工人數、工資、工作年資、流動率等因素精算應有之勞工退休準備金提撥率繼續提撥，按月於五年內足額提撥勞工退休準備金，以作為支付勞工退休金之用。

四、護理倫理之案例（下述案例供是作對馬偕新竹分院康素蓮護理師之訪談記錄 104.10.22）

（一）前言

何謂護理倫理？護理倫理(Nursing Ethiic)在字面上是一種制約護理行為的道德原則，包括醫護人員與病人家屬、醫護同仁，以及整個社會的關係； 它用來制約醫療作業的道德義務。護理專業人員的專業倫理可稱作護理倫理。

（二）護理人員須遵守的護理規範

21 世紀在全球化、科技化、資訊化、高齡化與競爭化的發展趨勢下，對社會人口結構、經濟環境、貧富差距、族群融合、醫護專業特質與價值觀等層面產生莫大之衝擊，高科技產品與多元性的診斷檢查、治療模式充斥於醫療職場，多元文化族群之就醫，貧富差距日增，加上醫院企業化經營、醫療裝備競賽、醫事人員勞動條件惡化與消費者意識提升等，衍生之議題包含：專業功能被壓抑、治療環境安全性被挑戰、病人就醫安全受質疑、醫事人員人力配置與品德操守需重新被檢驗、醫護病關係變質、生命延續性受爭議等倫理法律問題日趨複雜，已非昔日醫療情境中僅單純提供醫療服務所能相比。（李選、張婷，醫學倫理論壇）

護理人員在這訊息萬變的職場生活中，要如何採取以病人為中心及堅守護理規範，是我們研究的課題！

（三）基本護理倫理原則

1. **第一是不傷害原則(Nonmaleficence)**：要盡其所能避免讓病人受到身體傷害。
2. **第二是自主原則(Autonomy)**：亦即病患對其己身之診療決定的自主權，必須得到醫師的尊重。

3. **第三是行善原則(Beneficence)**：亦即醫療人員要盡其所能延長病人之生命，且減輕病人之痛苦。

4. **第四是公平原則(Justice)**：醫療照護上的公平，不論種族、宗教、財富、性別皆一視同仁。在一定醫療資源下每個病人都有權利獲得適當的治療。

（四）護理倫理個案討論

個案為 38 歲女性：

1. 結婚多年未孕，一直尋找不孕症治療當中。

2. 高齡，受孕機率小。

3. 丈夫為家中獨子。

4. 今年抹片檢查異常，到婦產科做切片檢查，檢查報告為子宮頸癌第一期。醫師建議持續做化療及電療，案主考慮之後，告知由於月事已未來二個月，懷孕測試是陽性，堅決生下孩子再做治療。案主先生反對生下孩子，公婆贊成及支持案主意見。

（五）討論議題

1. 不傷害原則(Nonmaleficence)

若尊從案主意見，先保住胎兒，如果延遲疾病的化療及電療治療時間，會傷害到案主的健康。

2. 自主原則(Autonomy)

根據在醫療法 81 條中：醫療機構診治病人時，應向病人或其法定代理人、配偶、親屬或關係人告知其病情、治療方針、處置、用藥、預後情形及可能之不良反應。醫護人員要尊重病人決定之義務，保住胎兒是病患的決定，所以是符合此原則的。護理人員角色為向病人解釋，取得病人對治療的同意是醫師主要職責，護理人員是擔任協助的角色，但主動向主治醫師轉達病人想知道的訊息，協助溝通的角色。

3. 行善原則(Beneficence)

此案對患者本身，身體將受到某種程度的傷害，所以是不符合的。醫療治療主要目的在協助病人保持生命、恢復健康、減少痛苦和恢復本身健康及維持功能，減輕病人的痛苦，保護病人的安全，增進病人舒適，為護理人員在行善原則中必須實行重要功能。在積極方面：必須促進病患健康，增進福祉消極方面：減少案主或預防病人受傷害。

4. 公平原則

在公平原則，病人不願接受立即性的治療，所以是不符合此項原則。醫護人員必須以公平合理的態度來對待病人跟病人有關的家屬，所指可能是病人家屬，或直、間接受影響的親人等。公平亦是指用平等、公正、不偏不倚、客觀的態度來處理。

由以上案例突顯了護理倫理的重要性，理論與實踐是不同思考下的不同面向。在現在社會裡，傳宗接代不是一種使命，只是仍有些長輩還有案主希望能延續香火，但當母親及孩子無法均安時，如何抉擇即成了一項令人煩惱的情況，而醫護人員在此課題，要如何扮演著溝通及協調是非常重要的角色，這是一項重大的使命，如何讓不同想法的雙方取得相同認知是對案者本身及家屬們是一大難題及挑戰。因為關係到兩個生命體，所以身為醫護團隊的我們，如何在其中學習如何付出，如何協調溝通，如何運用專業知識，在倫理及專業取得平衡，以期降低傷害。

（六）小結

護理工作於面對科技化、全球化、競爭化等趨勢下，不可預測的倫理法律議題、醫療糾紛案例將日益增高。倫理法律之素養是所有從事護理工作者均應具備之基本特質之一，它除包含專業相關知識、敬業態度與執業技能外；亦包含對生命本質與生命意義的掌握。（李選、張婷，醫學倫理論壇）

由以上案例可以得知，護理倫理目前一直都是醫護教育中的重點，近年來由於醫藥發達、醫學知識的普及，網路查詢便利，民眾自主意識高張，使得醫護專業在實務工作中的倫理關係與醫護問題益形複雜，亦難實踐，護理倫理是要透過實踐，對他人的尊重與關愛，護理人員若能對護理倫理與法律議題具備充分之敏感性，在工作時可以提供諮詢及協助個案，幫助家屬釐清疑惑，尋找最佳的解決方式。

護理倫理在護理教育中，護理解釋概念為護理中的倫理維度。護理倫理的制度基於從美德，轉移到對人權的責任的倫理道德。在護理中的道德實踐分析，在護理倫理存在中護士與病人之間的關係。通過分析它變得清晰，有規則、 法規或法律可以確保的道德行為。在護理養成教育中我們必須及早奠基，更應在在職教育中不斷強化及學習，這樣可以提升護理人員的自信及責任感、成就感及解決問題的能力，提升照護品質。

15.4 結 論

工程倫理牽扯之法律議題很多，本文只就《就業服務法》、《性別工作平等法》、《勞工退休金條例》介紹。此三法對於學生日後在就業上，有相當大的幫助，若能瞭解此三項法律，則可維護自己之權益，更可創造一個良好的就業與工作環境，而身為老闆的人，更應有法律之素養，善盡社會責任，才是一位真正的企業家。

◎註 釋

註 1：本草案第一條的立法理由說明也指出，擬定本法時的《憲法》準據條文為《憲法》本文第七條包含的禁止性別歧視以及《憲法》增修條文第十條第六項的要求促進性別地位之實質平等。雷文玫，＜性別平等的違憲審查─從美國女性主義法學看我國大法官幾則有關男女實質平等的解釋＞，李建良，簡資修編，《憲法解釋之理論與實務》（第二輯），89 年 8 月，頁 124。

編著・林照東、陳易白

16
CHAPTER

工程師的勞動安全與社會責任

Engineering
Ethics

工程師責任是維護職場安全及風險的控管，降低災害或避免意外的發生，網路安全防範也是新興議題。本章以工安意外及一棟公寓住宅大廈，在二樓被違法使用開設的地下食品工廠為例，來作說明。

 ## 風險的定義與災害案例

一、風險

　　風險的定義可以大約是三大類：

1. 延遲或立即造成風險。

2. 風險程度的寬限值。

3. 預期心理造成後果與是否出於自願。

二、災害

從事起重機維修作業發生碎片擊中致死之災害

1. 災害發生經過

　　工務處 A 當面告知吊升荷重 30.3 公噸固定式起重機故障，請工務處組員 B 和 C 到現場維修。到現場看見固定式起重機吊掛 17,934 公斤鋼捲離地約 1 公尺左右無法下降。B 和 C 合力將該固定式起重機剎車尾蓋外側剎車底板和一塊剎車來令片拆下，該固定式起重機仍無動作。此時 B 和 C 用六角板手將固定於吊運車尾蓋上之 6 顆內六角鋼螺絲，由左上方第 2 顆以逆時針方向鬆開至第 5 顆時，B 看到鋼索有些下降，然後鋼索瞬間下降

速度變快，B 向西邊跑，C 向東邊跑。在逃離的過程中聽到鋼捲墜地及東西四散撞擊聲。B 轉頭看 到 C 倒在固定式起重機之維修走道上，經救護車送往醫院急救後仍不治身亡。

2. 災害原因分析

(1) 直接原因

　　罹災者遭固定式起重機破裂之起重機剎車尾蓋破片擊中致心臟破裂、肺挫傷造成出血性休克死亡。

(2) 間接原因

　　不安全狀況：於固定式起重機吊掛荷重物下將固定剎車尾蓋的內六角鋼螺絲鬆脫，造成部分剎車力喪失，使得原先呈現剎緊狀態的剎車壓板與中間壓板隨剎車來令片轉動形成扭力致剎車尾蓋破裂飛出。

(3) 基本原因

- 未對固定式起重機維修作業進行危害之辨識及評估。
- 維修固定式起重機作業未訂定安全衛生作業標準。
- 對於固定式起重機之檢修、調整作業時，未指定作業監督人員，從事監督指揮工作。

3. 災害防止對策

(1) 雇主應依其事業規模、特性，訂定職業安全衛生管理計畫，執行下列事項：

- 《職業安全衛生法施行細則》第 31 條：一、工作環境或作業危害之辨識、評估及控制。…七、安全衛生作業標準之訂定。
- 《職業安全衛生管理辦法》第 23 條：雇主對營建用提升機，應每月依下列規定定期實施檢查一次。
- 《職業安全衛生法》第 23 條：雇主應依其事業單位之規模、性質，訂定職業安全衛生管理計畫；並設置安全衛生組織、人員，實施安全衛生管理及自動檢查。並事業單位達一定規模以上或有第 15 條第 1 項所定之工作場所者，應建置職業安全衛生管理系統。

(2) 雇主對於固定式起重機之檢修、調整、操作、組配或拆卸等，應依下列規定辦理：

《起重升降機具安全規則》第 22 條：二、從事檢修、調整作業時，應指定作業監督人員，從事監督指揮工作。但無虞危險或採其他安全措施，確無危險之虞者，不在此限。

《勞工保險條例》第 14 條第 1 項：勞工保險月投保薪資，投保單位應按被保險人之月薪資總額，依投保薪資分級表之規定，向保險人申報之薪資。

 16.2 風險產生與意外之造成

一位工程師時常能體察公司的風險究竟在何處，能如何降低風險；減少風險之發生是重要的議題。

意外就是在預期以外所發生的事，意外有分為許多方式來加以探討，意外事件可以分為三種類型：程序、工程及組織(Langewiesche, 1998)。程序意外事故是最常發生之類型，主要是指錯誤之選擇或不遵守公司規定行事所造成之意外事件。

一、意外相關之責任險

1. 何謂責任險

在眾多的保險中有意外險、強制汽車保險、勞工保險、壽險、保險法所規範之各式保險…等，在此章節我們會用到的保險，主要是責任險。

所謂的責任保險，是指「責任保險人於被保險人對於第三人，依法應負賠償責任，而受賠償之請求時，負賠償之責。」意指當某種狀況（或稱之為保險事故）發生而導致被保險人將產生財產上的損失時，保險人透過

保險給付，彌補被保險人全部或一部之損失，而此種財產損失，係經由第三人之請求而發生。因此，若經營事業或進行其他活動，而認為本身可能會遭遇到侵權行為、債務不履行或其他民法責任之求償時，為避免未來發生不可預期之意外或傷害，而使財產受到重大損失，多半會投保責任保險以減輕責任負擔。而隨著工商業的蓬勃與消費者的意識覺醒，也促使侵權行為責任理論漸由「過失責任主義」趨向「無過失責任主義」發展，企業經營者及從事特定活動之人必須嚴肅面對經營風險及活動風險之掌控，更加重責任保險制度的必要性。

責任保險中另有一種特殊之型態為強制責任保險。有別於任意責任保險係為保障被保險人之財產而成立，強制責任保險主要的宗旨是為保障第三人，而具有維護社會安定之功能，如下述即是……

2. 強制汽車保險

依據《強制汽車保險法》規定：（第 1 條）為使汽車交通事故所致傷害或死亡之受害人，迅速獲得基本保障，並維護道路交通安全，特制定本法。（第 7 條）因汽車交通事故致受害人傷害或死亡者，不論加害人有無過失，請求權人得依本法規定向保險人請求保險給付或向財團法人汽車交通事故特別補償基金（以下簡稱特別補償基金）請求補償。

（第 11 條）

1. 本法所稱請求權人，指下列得向保險人請求保險給付或向特別補償基金請求補償之人：

一、 因汽車交通事故遭致傷害者，為受害人本人。

二、 因汽車交通事故死亡者，為受害人之遺屬；其順位如下：

（一） 父母、子女及配偶。

（二） 祖父母。

（三） 孫子女。

（四） 兄弟姐妹。

2. 同一順位之遺屬有數人時，按人數平均分配保險給付或補償。

受害人死亡，無第一項第二款所定之請求權人時，為其支出殯葬費之人於殯葬費數額範圍內，得向保險人請求給付或向特別補償基金請求補償。保險給付扣除殯葬費後有餘額時，其餘額歸特別補償基金所有。受害人死亡，無第一項第二款所定之請求權人，亦無支出殯葬費之人時，保險給付歸特別補償基金所有。

3.前項殯葬費之項目及金額，由主管機關訂定公告之。

資料來源：電子公路監理網

3. 其他責任險

　　另有一些法律則針對特定之業者，要求在其經營事業之範圍內應投保責任保險。例如：工程技術顧問公司管理條例（92.7.2 公布）第 20 條第 1 項：「工程技術顧問公司應投保專業責任保險；其投保方式採逐案強制投保，其最低保險金額由主管機關會商財政部定之。」

二、意外事件之種類

　　意外大致上來說可以分為兩種：

1. **自然造成之災害**：如地震、水災、海嘯…等，相信大家最熟悉的是 921 大地震及南亞大海嘯，這都屬於無法防範之意外。

2. **人為造成之災害**：如交通意外、職業災害、實驗室災害…等，像國道連環車禍及工廠因人為操作不當等所產生之意外。

16.3 公寓住宅大廈違法開設地下食品工廠的案例 ⚙

一、分區使用目的不符合

住宅區內不應有製造噪音、空氣汙染的工廠，為維護住宅區居住環境，並禁止妨礙居住之寧靜、安全及衛生等行為，即使已於住宅區土地作工廠登記，仍須符合面積、樓層及作業類別限制等相關法令規定。

設置食品工廠應注意的法規有：《工廠管理輔導法》、土地分區使用、《食品衛生管理規範準則》、《食品工廠建築及設備設廠標準》、環保法規、消防法規、建築法規等。

先了解《工廠管理輔導法》，於第 3 條所稱工廠，指有固定場所從事物品製造、加工，其廠房達一定面積，或其生產設備達一定電力容量、熱能者。而食品工廠的面積就是 50 平方公尺（約 15 坪）或電力達 2.25 千瓦者，從事生產製造者即可登記設立工廠，如果你不想登記工廠且經營規模小，尚無法負荷食品工廠經營成本，建議面積就不要超過法律規定。

食品工廠會面臨的問題，大多是環保與消防的問題，就環保法規來說，環保看的是空氣排放與排水問題，兩者都需要符合空氣防治與放流水的排放標準。

食品工廠還有需要符合衛福部的《食品安全衛生管理法》第 10 條，食品工廠須符合食品設廠標準「食品業者之設廠登記，應由工業主管機關會同主管機關辦理。食品工廠之建築及設備，應符合設廠標準；其標準，由中央主管機關會同中央工業主管機關定之。」，另外就是需要符合 GHP 法規需要將包括：場所、設施、品質管制與人員管理…等，製作九大程序書。例如：從業人員如廁後應洗手、應穿著整體之工作衣帽/鞋、應有定期健康檢查（A 型肝炎、傷寒與肺結核等）…皆應做好程序與表單記錄，茲不贅。

二、相關法規與罰則

住宅區內不應有會產生噪音、空氣汙染的工廠！為維護住宅區居住環境，並禁止妨礙居住之寧靜、安全及衛生等行為，即使已於住宅區土地作工廠登記，仍須符合面積、樓層及作業類別限制等相關法令規定。

例如：新北市政府表示，依據都市計畫法新北市施行細則第 14 條規定，作業廠房樓地板面積不得超過 100 平方公尺且只限於使用建築物之第一層及地下一層，違反規定最高罰 30 萬元

（一）水汙染裁罰

為有效遏止業者排放廢水超標、任意繞流排放、非法稀釋、未具備足夠之功能及設備，以及未維持廢（污）水（前）處理設施正常操作等行為，爰修正第 40 條第 1 項及增訂第 46 條之 1 之罰鍰上限至 2,000 萬元以下；另對於其他可能導致實質汙染之違規行為等罰則，其罰鍰上限均提升 10 倍，以懲戒非法業者。

（二）公寓大廈管理條例

第 5 條

區分所有權人對專有部分之利用，不得有妨害建築物之正常使用及違反區分所有權人共同利益之行為。

⚙ 表 16-1　新竹縣政府辦理違反都市計畫法裁罰基準

違規使用類別對象 累計違反次數金額	第一類 特種工商業營業場所及特定場所 （指內政部訂定經營與社會秩序或善良風俗有關之營業場所、《警察職權行使法》第6條、新竹縣政府特定營業場所聯合稽查小組設置及作業要點第2點規定公共場所或合渢得進入之場所）		第二類 其他 （第一類以外之違規使用、從事建造、採取土石、變更地形等其他相關案件）	
	使用人或管理人	土地或建築物所有權人	使用人或管理人	土地或建築物所有權人
第一次處分	6 萬元罰鍰	同時副知	依違規情節輕重採 6 萬元以上，30 萬元以下罰鍰	同時副知
第二次處分	18 萬元罰鍰	6 萬元罰鍰	依違規情節輕重採 6 萬元以上，30 萬元以下罰鍰	依違規情節輕重採 6 萬元以上，30 萬元以下罰鍰
第三次處分（含以上）	30 萬元罰鍰	18 萬元罰鍰	依違規情節輕重採 6 萬元以上，30 萬元以下罰鍰	依違規情節輕重採 6 萬元以上，30 萬元以下罰鍰
備註	1. 罰鍰金額單位為新臺幣。 2. 上述所訂違規項目類別經執行第一次處分時，同時副知土地或建築物所有權人善盡管理責任及依規合法使用；執行第二次（含以上）處分時，併處土地或建築物所有權人。 3. 經警察機關或各目的事業主管機關認定屬情節重大之違規場所或其他對社會治安、公共安全有危害之行為，認有立即停止違法使用案件者，除處罰鍰金額外，依《都市計畫法》第80條規定，移送臺灣新竹地方檢察署偵辦。			

第 16 條

住戶應遵守下列事項：

一、 於維護、修繕專有部分、約定專用部分或行使其權利時，不得妨害其他住戶之安寧、安全及衛生。

二、 他住戶因維護、修繕專有部分、約定專用部分或設置管線，必須進入或使用其專有部分或約定專用部分時，不得拒絕。

三、管理負責人或管理委員會因維護、修繕共用部分或設置管線，必須進入或使用其專有部分或約定專用部分時，不得拒絕。

四、 於維護、修繕專有部分、約定專用部分或設置管線，必須使用共用部分時，應經管理負責人或管理委員會之同意後為之。

五、 其他法令或規約規定事項。

前項第二款至第四款之進入或使用，應擇其損害最少之處所及方法為之，並應修復或補償所生損害。

住戶違反第一項規定，經協調仍不履行時，住戶、管理負責人或管理委員會得按其性質請求各該主管機關或訴請法院為必要之處置。

第 47 條

有下列行為之一者，由直轄市、縣（市）主管機關處新臺幣三千元以上一萬五千元以下罰鍰，並得令其限期改善或履行義務、職務；屆期不改善或不履行者，得連續處罰：

一、 區分所有權人會議召集人、起造人或臨時召集人違反第二十五條或第二十八條所定之召集義務者。

二、 住戶違反第十六條第一項或第四項規定者。

三、 區分所有權人或住戶違反第六條規定，主管機關受理住戶、管理負責人或管理委員會之請求，經通知限期改善，屆期不改善者。

第 48 條

有下列行為之一者，由直轄市、縣（市）主管機關處新臺幣一千元以上五千元以下罰鍰，並得令其限期改善或履行義務、職務；屆期不改善或不履行者，得連續處罰：

一、 管理負責人、主任委員或管理委員未善盡督促第十七條所定住戶投保責任保險之義務者。

二、 管理負責人、主任委員或管理委員無正當理由未執行第二十二條所定促請改善或訴請法院強制遷離或強制出讓該區分所有權之職務者。

三、 管理負責人、主任委員或管理委員無正當理由違反第三十五條規定者。

四、 管理負責人、主任委員或管理委員無正當理由未執行第三十六條第一款、第五款至第十二款所定之職務，顯然影響住戶權益者。

第 49 條

有下列行為之一者，由直轄市、縣（市）主管機關處新臺幣四萬元以上二十萬元以下罰鍰，並得令其限期改善或履行義務；屆期不改善或不履行者，得連續處罰：

一、 區分所有權人對專有部分之利用違反第五條規定者。

二、 住戶違反第八條第一項或第九條第二項關於公寓大廈變更使用限制規定，經制止而不遵從者。

三、 住戶違反第十五條第一項規定擅自變更專有或約定專用之使用者。

四、 住戶違反第十六條第二項或第三項規定者。

五、 住戶違反第十七條所定投保責任保險之義務者。

六、 區分所有權人違反第十八條第一項第二款規定未繳納公共基金者。

七、 管理負責人、主任委員或管理委員違反第二十條所定之公告或移交義務者。

八、 起造人或建築業者違反第五十七條或第五十八條規定者。

有供營業使用事實之住戶有前項第三款或第四款行為，因而致人於死者，處一年以上七年以下有期徒刑，得併科新臺幣一百萬元以上五百萬元以下罰金；致重傷者，處六個月以上五年以下有期徒刑，得併科新臺幣五十萬元以上二百五十萬元以下罰金。

第 49-1 條

公寓大廈未依第二十九條之一第一項規定於期限內成立管理委員會或推選管理負責人並辦理報備者，由直轄市、縣（市）主管機關按每一專有部分處區分所有權人新臺幣四萬元以上二十萬元以下罰鍰，並令其限期辦理；屆期仍未辦理者，得按次處罰。

第 50 條

從事公寓大廈管理維護業務之管理維護公司或管理服務人員違反第四十二條規定，未經領得登記證、認可證或經廢止登記證、認可證而營業，或接受公寓大廈管理委員會、管理負責人或區分所有權人會議決議之委任或僱傭執行公寓大廈管理維護服務業務者，由直轄市、縣（市）主管機關勒令其停業或停止執行業務，並處新臺幣四萬元以上二十萬元以下罰鍰；其拒不遵從者，得按次連續處罰。

第 51 條

公寓大廈管理維護公司，違反第四十三條規定者，中央主管機關應通知限期改正；屆期不改正者，得予停業、廢止其許可或登記證或處新臺幣三萬元以上十五萬元以下罰鍰；其未依規定向中央主管機關申領登記證者，中央主管機關應廢止其許可。

受僱於公寓大廈管理維護公司之管理服務人員，違反第四十四條規定者，中央主管機關應通知限期改正；屆期不改正者，得廢止其認可證或停

止其執行公寓大廈管理維護業務三個月以上三年以下或處新臺幣三千元以上一萬五千元以下罰鍰。

前項以外之公寓大廈管理服務人員，違反第四十五條規定者，中央主管機關應通知限期改正；屆期不改正者，得廢止其認可證或停止其執行公寓大廈管理維護業務六個月以上三年以下或處新臺幣三千元以上一萬五千元以下罰鍰。

第 52 條

依本條例所處之罰鍰，經限期繳納，屆期仍不繳納者，依法移送強制執行。

三、主管機關對違反《空氣污染防制法》義務所得利益核算及推估辦法見解

作為主管機關追繳不法利得之計算及推估依據。環保署表示，未來違反空污法規定，可能面臨最高 2,000 萬元的罰鍰，其他因違規行為而獲利者，違規者本身及相關人員，都可能會被追繳不法利得。

環保署表示，過去違反《空污法》規定，主要是以罰鍰為制裁手段，罰鍰額度則是依照《行政罰法》第 18 條第 2 項規定來衡量。如果不法所得高於罰鍰上限，可以不法所得作為罰鍰額度，雖然有追回不法所得，但因不法所得內含罰鍰，等於是沒有罰鍰，不但不符合環境正義，也影響企業的公平競爭。

環保署認為，對於長期或重大違規者，積極利益（多賺的錢）和消極利益（少花的費用）都應該追回，當業者違規無利可圖，就不會鋌而走險，一再違規而無法遏阻。

四、移動污染源違反空氣污染防制法裁罰準則

第 1 條

本準則依空氣污染防制法（以下簡稱本法）第八十五條第二項規定訂定之。

第 2 條

本準則適用於公私場所之固定污染源違反本法時應處罰鍰之裁罰。

本條文有附件

第 3 條

1. 違反本法各處罰條款，除本法另有規定者外，以罰鍰裁罰公式計算應處罰鍰，並取至新臺幣元，小數點後無條件捨去。

2. 前項罰鍰裁罰公式如下：罰鍰額度＝ A x B x C x D x（1+E）x 罰鍰下限

3. 前項公式之 A 代表污染程度、B 代表污染物項目、C 代表污染特性及 D 代表影響程度，均為附表一所列裁罰因子之權重；E 代表加重或減輕裁罰事項，為附表二所列裁罰因子之權重，屬加重處罰事項之 E 為正值；屬減輕處罰事項之 E 為負值。

4. 各級主管機關裁處罰鍰，除依第二項規定計算額度外，經各級主管機關認定，有下列情形之一者，得以該處罰條款之最高罰鍰裁罰：

   一、 屬本法第九十六條第一項各款規定情節重大情形之一。

   二、 使用未經直轄市、縣（市）主管機關審查認可之固定污染源空氣污染物連續自動監測設施監測，產出且傳送不實之監測資料。

5. 各級主管機關裁處時，除依前四項規定計算應處罰鍰額度外，並應依行政罰法第十八條第一項規定，審酌違反本法上義務行為應受責難程度及所生影響，並得考量受處分者之資力，予以論處。

第 4 條

依前條規定計算應處罰鍰額度逾法定罰鍰額度上限者，以該法定罰鍰額度上限裁處之；低於該法定罰鍰額度下限者，以該法定罰鍰額度下限裁處之。

第 5 條

公私場所違反本法規定，於改善期間未依處分書所載內容進行污染改善及控管，遭陳情並經各級主管機關認定其排放之空氣污染物影響附近空氣品質者，得縮短原已核給之改善期限天數。

五、廢棄物清理法罰則

第 45 條（罰則）

違反第十二條、第十八條第一項、第二十八條第一項、第七項、第三十六條第一項、第三十八條第一項、第三十九條或第四十一條第一項規定，因而致人於死者，處無期徒刑或七年以上有期徒刑，得併科新臺幣三千萬元以下罰金；致重傷者，處三年以上十年以下有期徒刑，得併科新臺幣二千五百萬元以下罰金；致危害人體健康導致疾病者，處一年以上七年以下有期徒刑，得併科新臺幣二千萬元以下罰金。偽造、變造第二十四條第三項收費證明標誌者，處二年以上七年以下有期徒刑，得併科新臺幣一千萬元以下罰金。販賣前項收費證明標誌者，處一年以上七年以下有期徒刑，得併科新臺幣一千萬元以下罰金。

第 46 條（罰則）

有下列情形之一者，處一年以上五年以下有期徒刑，得併科新臺幣一千五百萬元以下罰金：

一、 任意棄置有害事業廢棄物。

二、 事業負責人或相關人員未依本法規定之方式貯存、清除、處理或再利用廢棄物，致污染環境。

三、 未經主管機關許可，提供土地回填、堆置廢棄物。

四、 未依第四十一條第一項規定領有廢棄物清除、處理許可文件，從事廢棄物貯存、清除、處理，或未依廢棄物清除、處理許可文件內容貯存、清除、處理廢棄物。

五、 執行機關之人員委託未取得許可文件之業者，清除、處理一般廢棄物者；或明知受託人非法清除、處理而仍委託。

六、 公民營廢棄物處理機構負責人或相關人員、或執行機關之人員未處理廢棄物，開具虛偽證明。

第 47 條（罰則）

法人之負責人、法人或自然人之代理人、受僱人或其他從業人員，因執行業務犯前二條之罪者，除處罰其行為人外，對該法人或自然人亦科以各該條之罰金。

第 48 條（罰則）

依本法規定有申報義務，明知為不實之事項而申報不實或於業務上作成之文書為虛偽記載者，處三年以下有期徒刑、拘役或科或併科新臺幣一千萬元以下罰金。

第 49 條（罰則）

有下列情形之一者，處新臺幣六萬元以上三十萬元以下罰鍰，並得沒入清除機具、處理設施或設備：

一、 清除機具、處理設施或設備之所有人或使用人未於主管機關依第九條第二項所定期限內清除處理其廢棄物、剩餘土石方。

二、 清除廢棄物、剩餘土石方者，未隨車持有載明一般廢棄物、一般事業廢棄物、剩餘土石方產生源及處理地點之證明文件。

三、 清除有害事業廢棄物者，未隨車持有載明有害事業廢棄物產生源及處理地點之證明文件。

第 50 條（罰則）

有下列情形之一者，處新臺幣一千二百元以上六千元以下罰鍰。經限期改善，屆期仍未完成改善者，按日連續處罰：

一、 不依第十一條第一款至第七款規定清除一般廢棄物。

二、 違反第十二條之規定。

三、 為第二十七條各款行為之一。

第 50-1 條（罰則）

違反第二十七條第一款之隨地吐檳榔汁、檳榔渣之規定者，應接受四小時之戒檳班講習。前項戒檳班講習及其他應遵行事項之辦法，由中央主管機關定之。

第 51 條（罰則）

未依第十六條第一項規定繳納回收清除處理費者，經限期繳納，屆期仍未繳納者，移送強制執行，並處應繳納費用一倍至二倍之罰鍰；提供不實申報資料者，除追繳應繳納之回收清除處理費外，並處應繳納費用一倍至三倍之罰鍰，屆期仍未繳納者，移送強制執行。有下列情形之一者，處新臺幣六萬元以上三十萬元以下罰鍰；經限期改善，屆期仍未完成改善者，按日連續處罰：

一、 違反依第十六條第四項或第十八條第四項所定辦法。

二、 違反第十八條第一項至第三項、第十九條、第二十二條或第二十三條規定。

三、 無故規避、妨礙或拒絕第二十條之查核或索取有關資料規定。

四、 違反第二十一條中央主管機關規定之禁用或限制製造、輸入之規定者。違反第二十一條中央主管機關規定之限制販賣、使用規定者，處新臺幣一千二百元以上六千元以下罰鍰。經限期改善，屆期仍未完成改善者，按日連續處罰。

第一項及第二項情節重大者，並得處一個月以上一年以下停業處分，或命其部分或全部停工。

第 52 條（罰則）

貯存、清除、處理或再利用一般事業廢棄物，違反第二十八條第一項、第三十一條第一項、第五項、第三十四條、第三十六條第一項、第三十九條規定或依第二十九條第二項、第三十九條之一第二項所定管理辦法者，處新臺幣六千元以上三百萬元以下罰鍰。經限期改善，屆期仍未完成改善者，按次處罰。

第 53 條（罰則）

有下列情形之一者，處新臺幣六萬元以上一千萬元以下罰鍰。經限期改善，屆期仍未完成改善者，按次處罰。情節重大者，並得命其停工或停業：

一、 貯存、清除、處理或再利用有害事業廢棄物違反第二十八條第一項、第七項、第三十一條第一項、第五項、第三十四條、第三十九條規定或依第二十九條第二項、第三十九條之一第二項所定管理辦法。

二、 貯存、清除或處理有害事業廢棄物，違反第三十六條第一項規定。

三、 輸入、輸出、過境、轉口廢棄物違反第三十八條第一項至第五項規定。

第 54 條（歇業處分）

事業不遵行依本法所為停工或停業處分者，當地主管機關得報請中央主管機關轉請目的事業主管機關，予以歇業處分。

第 55 條（罰則）

有下列情形之一者，處新臺幣六千元以上三百萬元以下罰鍰，並限期令其改善，屆期仍未完成改善者，得按次處罰：

一、 公民營廢棄物清除處理機構違反第十二條規定或依第四十二條所定管理辦法。

二、 指定公告之事業違反第二十八條第二項應置專業技術人員或自行清除處理事業廢棄物違反依第二十八條第二項所定管理辦法。

三、 廢棄物共同清除處理機構，清除處理設施所屬之公營事業或民間機構違反依第二十八條第三項至第五項所定管理辦法。

四、 有害事業廢棄物貯存、清除、處理之操作及檢測違反依第三十七條第二項所定管理辦法。

五、 廢棄物檢驗測定機構違反第四十三條第一項規定。

第 56 條（違反清理紀錄保存、檢查之處罰）

違反第三十七條第一項規定或無故規避、妨礙或拒絕第九條第一項之攔檢、檢查、採樣或命令提供有關資料者，處新臺幣三萬元以上五百萬元以下罰鍰。

第 57 條（罰則）

從事廢棄物貯存、清除或處理業務，違反第四十一條第一項規定者，處新臺幣六萬元以上三十萬元以下罰鍰，並命其停止營業。

第 58 條（罰則）

廢棄物檢驗測定機構、檢驗檢測人員違反依第四十三條第二項所定管理辦法、廢棄物專業技術人員違反依第四十四條所定管理辦法者，處新臺幣六萬元以上一百萬元以下罰鍰。

第 59 條（違反提示身分證明之處罰）

執行稽查人員請求違反本法之人提示身分證明，無故拒絕者，處新臺幣六百元以上三千元以下罰鍰。

第 60 條（情節重大者）

本法第五十一條第三項、第五十三條所稱情節重大，係指有下列情形之一者：

一、 違反本法同一規定，一年內經二次限期改善，仍繼續違反本法規定者。

二、 非法棄置有害事業廢棄物者。

三、 回收、貯存、清除、處理、再利用廢棄物，嚴重污染環境者。

四、 申請及申報文件虛偽不實者。

五、 其他經主管機關認定者。

第 61 條（按日連續處罰）

本法所稱按日連續處罰，其起算日、暫停日、停止日、改善完成認定查驗及其他應遵行事項，由中央主管機關定之。

第 62 條（限期改善或申報）

依本法限期改善或申報，其改善或申報期間，不得超過九十日。但情形特殊者，得申請直轄市、縣（市）主管機關准予延長。

第 63 條（行政罰之執行機關）

本法所定行政罰，由執行機關處罰之；執行機關應作為而不作為時，得由上級主管機關為之。

第 63-1 條（罰鍰額度之裁處）

依本法處罰鍰者，其額度應依污染程度、特性及危害程度裁處；其裁罰準則，由中央主管機關定之。其違法所得之利益超過法定罰鍰最高額者，得於所得利益之範圍內酌量加重裁處，不受法定罰鍰最高額之限制。前項所得利益認定、核算辦法，由中央主管機關定之。

第 64 條（涉及刑事責任之處罰）

依本法處罰鍰案件，涉及刑事責任者，應分別處罰。

第 65 條（罰鍰之強制執行）

依本法所處之罰鍰拒不繳納者，移送強制執行。

第 66 條（清除處理費之強制執行）

未依第二十四條規定繳納一般廢棄物清除處理費者，經限期繳納，屆期仍未繳納者，移送強制執行。

第 67 條（檢舉及獎勵）

對於違反本法之行為，民眾得敘明事實或檢具證據資料，向所在地執行機關或主管機關檢舉。

主管機關或執行機關對於前項檢舉，經查證屬實並處以罰鍰者，其罰鍰金額達一定數額時，得以實收罰鍰總金額收入之一定比例，提充檢舉獎金予檢舉人。前項檢舉及獎勵辦法由直轄市、縣（市）主管機關定之。主管機關或執行機關為前項查證時，對檢舉人之身分應予保密。

第 68 條（獎勵）

事業清理廢棄物所支出之費用，應予財稅減免。

事業遵守本法有關規定，辦理廢棄物清理及資源減量、回收再利用績效優良者，應予獎勵；其獎勵辦法，由中央主管機關會商中央目的事業主管機關定之。

第 69 條（廢棄物回收款項運用）

執行機關執行廢棄物回收工作，變賣所回收廢棄物之所得款項，應專款專用於辦理廢棄物回收工作，並得提撥一定比例作為從事廢棄物回收工作人員之獎勵金。

前項回收廢棄物變賣所得款項提撥比例及運用辦法，由中央主管機關定之。

政府機關、公立學校辦理一般廢棄物回收所得款項，應於公庫設置專戶，妥為管理運用。

心肺復甦術(CPR)之認知與應用

為因應工安意外，心肺復甦術(*CPR*)對工程現場施作人員，實屬必要之常識，惟早年的作法邇來已有修正－從「*叫叫 ABC*」改為「叫叫 CAB」，故在此略述。（消防人員表示，如果是對陌生人急救，施救者不想操作人工呼吸，持續按壓胸部也有同樣的效果。）

目擊成人心臟停止且可立即使用 AED（自動體外心臟電擊去顫器，Automated External Defibrillator）時，儘速使用去顫器是適當的做法。若成人在無人觀察下發生心臟停止或無法立即使用 AED，在取得去顫器設備以供使用期間，先開始 CPR 是適當的做法，且若適合實行去顫，應在裝置就緒時儘速進行。

一、CPR 基本救命術步驟口訣：叫叫 CAB

1. 「叫」－評估意識
   - 叫：先生！先生！怎麼樣？同時輕拍傷患之肩部。
   - 確認：傷患無反應且沒有呼吸或沒有正常呼吸（僅有喘息）。

2. 「叫」－啟動：馬上打 119、馬上做 CPR。
   - 求救：立即打 119 求救：請旁人幫忙打 119。

- 僅有一人時，先去打 119 或找人幫忙打 119，再做 CPR。
- 病患因溺水、創傷、藥物中毒、或年齡在 8 歲以下小孩時，若無旁人協助，則先做 CPR 2 分鐘後再打 119 求救。

3. 「C」－胸外按摩
   - 壓得快：每分鐘 100~120 次的速率進行胸口按壓。
   - 壓得深：下壓深度至少達到 5 公分。

4. 「A」－打開呼吸道

   隨著意識喪失後，肌肉會變得鬆弛，舌頭與咽部軟組織可能會造成呼吸道的阻塞。因此打開呼吸道是急救過程中重要的步驟。

5. 「B」－人工呼吸

   用壓額手之拇指和食指捏住患者鼻孔，以防止空氣由鼻孔漏出。張口輕吸一口氣後，罩緊患者之口吹氣，同時眼睛必需注視患者胸部的狀況，若吹氣後胸部有上升，則視為有效的通氣。胸外按摩與人工呼吸的比率為 30：2，應以 30 次按壓後 2 次吹氣的比率加入急救人工呼吸。

   施救者應繼續 CPR，直到 AED 已拿到現場且已準備就緒、緊急醫療服務實施人員接手患者的照護，或患者開始移動為止。

編著・陳洸鑨、羅廷相、吳俊祿

17
CHAPTER

工程師的斜槓人生

Engineering
Ethics

17.1　工程師的斜槓人生緣起

工程師的斜槓人生，在當今的社會，常要擁有幾種本領，才能生存的安穩生存的好。

1. 創意能力

能夠察覺問題核心，以及使用創造原理，具有敏銳的觀察力，即使在自己的身邊事物都會有新的發現。

2. 處理人際關係

人際關係都是人生中無法避免的課題，影響著我們生活中的關係。在每段關係中，即使對象是最親密的人，都可能因為一些事情而讓關係分裂或存在壓力。處理恰當，才能讓人生更加順遂。

3. 學習能力

因時代進步過快，無數的東西絡繹不絕的被創造出來，如沒有不斷學習，將會越來越遠離時代的腳步。

4. 說話能力，講重點，良好的人際關係

說話說得好，可以輕鬆說服別人或可以影響他人思維。但也可能變成一把隱形的利刃，成為傷害他人內心或影響他人的人際關係。

5. 自我調解，自我調適

人生旅途中一定會遇到谷底或是課題的時候，自我調解心態才能夠繼續支撐自己突破困境，不被這些低潮與課題壓力所吞噬。

17.2 霍特獎的案例（臺灣之光）

一、政治大學 IMBA 團隊榮獲 2015 年霍特獎的首獎

IMPCT 團隊看到貧民窟面臨惡劣教育的環境，遂想出「用教育投資平台」的發想，世界各地只要有愛心，可透過平台，發揮愛心威力來贊助，經費將持續於改善貧民地區幼教品質，運用社區協力的方式永續運作，IMPCT 團隊被評審青睞原因在此。

IMPCT 團隊表示，教育投資平台的目的，就是要幫貧民窟的學校找到財務資本、知識資本、人力資源，以提供優質的教育給世界上最貧困居民。同時，透過投資學校的過程，企業或者個人不僅得到的是具有社會公益性的資本回饋，更能與學校凝聚情感，透過平台互動式的交流，這樣雙贏的回饋更能激發大眾的善心善舉，進而投資更多學校，讓教育也能在貧民窟地區普及。IMPCT 團隊已經在薩爾瓦多首都附近的 Antiguo Cuscatlan 市 La Cuchilla 社區，創建首間學齡前教育中心，證實了該計畫並不只是紙上談兵，而是確實能有效解決貧困兒童教育的成功實例。IMPCT 以中南美洲為發展的起點，預計有 500 個教育中心，遍布中南美洲 22 個主要城市附近。亞洲部份會自 2016 年開始，計畫在臺灣偏鄉地區以及柬埔寨和菲律賓等地規劃偏鄉地區幼兒早期教育。

🔧 圖 17-1　左二：美國前總統柯林頓、右一：陳安穠（來自臺灣的女將）

圖片來源：https://www.seinsights.asia/article/3572

二、臺灣大學團隊「interWellness 為你而思」也榮獲霍特獎區域冠軍，代表臺灣赴英國參賽

　　學生界諾貝爾獎「霍特獎」。臺大團隊獲區域冠軍代表臺灣赴英國參賽有「大學生諾貝爾獎」稱號的大學商業競賽—霍特獎(Hult Prize)，係聯合國主導之商業比賽，每年的主題不同，環繞在教育、社會、資源分配等核心問題類似 ESG，受到國際學者們的肯定。

　　2021 年 4 月舉辦的第一屆 2021 霍特獎臺灣區域高峰會，共有 20 多國、100 多位學生、超過 30 個隊伍、多所大學共同角逐冠軍。是由來自臺灣大學的團隊「interWellness 為你而思」摘下冠軍，是為臺灣之光。

　　陳敏而、蔡岑珊和林芳如三人前往英國為實體加速器做準備。「出國比賽！期待「interWellness 為你而思」透過三位青年微小的力量，讓世界更美好，每個參賽者於競賽過程一定都有所收穫，想改變世界的那份愛已悄然在每位參賽者心中種下難忘回憶。

🔧 圖 17-2　左二：衛福部長陳時中慰勉臺灣大學團隊陳敏而、蔡岑珊、林芳如

圖片來源：https://leadership.ntu.edu.tw/hultprizeinterwellness/

三、用廚餘做吸管獲得 2021 霍特獎

　　參賽的主題為「永續食物」(Food for good)，政大展示同學參賽成果，中文系呂杰奕、國貿系李佳晉，和來自巴拉圭的經濟系伍朵麗、外交系宮梅琳以「上根」(UpRoot)為隊名，主題為循環經濟來處理廚餘的困境。他們以木薯取代塑膠製的產品，例如吸管，這個產品的誕生就是有了濃厚的環保意識。在比賽期間製作滾動全世界的飲品「珍珠奶茶」，打響了臺灣的知名度，杯中的粉圓原料，即為南美洲的木薯粉。

🔧 圖 17-3　右一：呂杰奕、右二：李佳晉

圖片來源：https://ubrand.udn.com/ubrand/story/12116/5815484

17.3 從台積電創辦人張忠謀管理哲學領悟到的要務

　　個人職場生涯出發，建議專業經理人須提早具備的 10 個基本功，並探討高階能力的「策略規劃」，「策略就是我要競爭對手絕望，」張忠謀分享他在 1970 年間在德儀所做的策略，價格雖然比對手低、毛利卻比對手高出許多，且占有學習曲線優勢，推進速度快，讓對手感到沒有希望、逼得對手往其他領域發展。

　　「（德州儀器業務總經理）是我總經理事業的開始。」張忠謀提到自己曾擔任總經理時學習與美國大學商學院的教法不同，「MBA 課程是把高深的像是 M&A（併購）交給你，但學生根本是要好幾年以後才用的到。」學習做總經理，要有先後順序慢慢學習，有階段性的成長。

第一要務：「技術」是根本

　　張忠謀是技術出身，CEO 最好是技術出身，而且不只了解一種技術，而且前瞻的技術是日新月異的，要與時俱進。

第二要務：了解「商品與客製化商品」分別

　　商品與客製品的區別是什麼？市面上生產商品的公司很多，只有一家在做的才叫「客製品」，經營者需要清楚自己生產的是哪一種，期望多生產客製化商品，就需要策略計畫來達標。

第三要務：「行銷」就是看客戶需要什麼？

　　張忠謀表示自己是技術背景，所以「把行銷當作第一要務(first priority)」，要時時關注客戶需求，別家也做的相似型商品是沒用的，客製品是好的，但也需要符合客戶需求才有意義。

「市場及市場學」快速變動，需要了解整個市場的進步，跟上去，並超越。

第四要務：「會計學」是基本能力

了解財務規劃，是必要的才能。

「訂出合理價格」，「訂價」的重要性，訂出商品價格是很重要的決策，訂價不能隨便就決定，訂價取決於客戶與大環境，所以只有客製化商品才有自訂價格的空間。

第五要務：有說服力的簡報

一個有說服力的簡報，是你自己要相信你在簡報什麼事務」。不管是簡報還是演講，重點都是要講出你懂的事情，而且言之有物，讓對方充分理解。

「聆聽」才能思考，用心的聆聽更重要。當下的會談，理解對方表達的深意，說話背後的內涵，注意他的肢體語言，察言觀色，之後花時間來想一想我們可以為他做什麼。

第六要務：包容與感恩的心

用感恩的心走一輩子的路，用心對待部屬與員工。還有卓越的「領導」才能，所謂「領導人」就是說有人跟隨你的團隊，而且你是有方向的，並且是正確的方向。

第七要務：商模與策略的應用

策略要高上一層，商業模式則為更高。商業模式的設定，通常非經理人能觸及，企業創辦人規劃出好的商模，即商業模式。經理人走對方向，有好的團隊，是事業成功的關鍵。

星巴克的商模，把客群關注在「懂享受人生的人」，因而成功，臺灣的「Louisa coffee」也是這樣的商業模式。

資料來源：https://www.gvm.com.tw/article/83774

17.4 長照領域是臺灣未來的強項

一、計畫緣起的法律背景

　　中央長照政策用心來推動社區服務長照點，並希望建構在地社區照護及資源整合平台，期許能投入社區的關懷，提供當地社區住民的健康、長者的照顧及身心障礙長者預防性服務延緩老人與健促等相關計畫實施，對於個案不同階段所需要之生活照顧與照護之諮詢、延緩老化、幫忙緩解家庭照顧長輩的壓力，也就是喘息服務。

二、長照體系的過去、現在與未來

（一）服務面的現況

　　臺灣已進入高齡社會，老年人口高於 7%，並且持續增加。30 年後是要每 3 位青壯人口需負擔 1 名老人的狀況。臺灣人口快速老齡化的速率已經超越許多先進的國家。臺灣已經人口負成長的課題，加上婚育狀況不理想，將於 2025 年進入超高齡社會，即 65 歲老年人口比率超過 20%，110 年人口統計資料估算：臺灣 65 歲以上老人共 380 萬人。新竹縣橫山鄉目前總人口數統計至 110 年 12 月底止為 12,000 多人，統計至 110 年 12 月止 65 歲以上人口超過 3,000 人。

　　主要辦法及方向：

1. 設置全臺灣的長照服務點，建構在地社區長期照護及資源平台。

2. 進行家訪，提供學員及家屬關心與協助，並視學員個別需求，提供適當醫療或喘息服務。

3. 以團體健康促進及預防延緩老化，整合失智社區照護模版。

4. 中央及地方政府補助計畫項目，創新社區據點服務。

5. 辦理宣導及教育訓練有關失智症知識，並儲備具熱忱及在地志工加以籌組到位。

三、服務效益的評估

「認知促進、延緩老化的課程」、「創新創意方案」及「安全看視方案」等服務。

（一）認知促進活動

1. 以提供非藥物治療活動，維持長者之最佳功能，延緩功能之退化，並提升生活品質。

2. 設計失智者長者活動，包含藝術、運動、音樂、園藝、等「動態活動」或「靜態活動」，由專業人員帶領並有清楚之日期等記錄列冊。每一活動以 12 週為一期別。

（二）CEO 人事職務說明之建議

1. 照顧組組長：掌管所有據點照顧專業事務的督導。

2. 業務組組長：負責拓展業務點處理該區整年度的事務採購等事務。

3. 行政組組長：處理所有核銷業務。

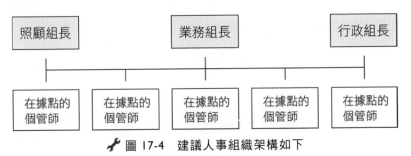

🔧 圖 17-4　建議人事組織架構如下

四、預估效能及具體目標與未來展望

（一） 「認知促進活動、緩和失智服務」、「安全看護」、「創新方案」「家屬支持團體」等服務。

（二） 據點服務的時間為週一至週五，每天至少開放 4 小時進行服務；其中針對認知促進相關課程安排需以 12 週為一期，藉由認知促進活動來延緩大腦退化的速度，以期能減經家庭及社會的負荷。

（三） 利用不同照護模式，減緩失智症患者之功能退化，延後入住機構的時程。

（四） 營運目標，期望在承接 C 據點計畫同時，也增加擴充失智據點計畫拓展業務，經由社區宣導篩出個案，經多方管道使個案來源增加後，能使來據點參加活動的個案及參加失智家屬支持團體的家屬都能持續增加，以期望能幫助更多的家庭。

五、願景是亮麗的

（一） 結合該地區有意合作之 B 單位與社團法人，居服派遣資源，對於個案的來源會有更全面化的互利互惠。

（二） 擴增 ABC 長照計畫，並增加失智據點計畫、銀髮健身俱樂部計畫與長照住宿的 A 據點的設立。

（三） 配合政府長照政策做滾動式修正服務的項目。

　　遠距健康管理與照護的服務內容：

1. 生理訊號量測（身高／體重／血壓／血糖／血氧／體溫）

2. 生理異常監控（APP IM 即時訊息／郵件提醒）

3. 個人終身健康雲（歷史健康紀錄）

4. 健康紀錄分享（家庭醫師／親人家屬）

5. 健康教育／醫療知識

6. 健康活動公告（健康講座）

7. 健康社群網路

8. 24 小時健康諮詢（護理客服中心）

9. 個人健康計畫（家庭醫師/健康管家）

10. 日常關懷／導醫諮詢／預約門診／預約健檢

11. A 據點的拓展

六、YBMC 青年銀髮族共生 GD 基地

YBMC 團隊創立 BCB 青銀共生基地(GD)希望透過企業社會責任(CSR)與大學社會責任(USR)來關心現在社會需要什麼？而目前人口老化會越來越嚴重，希望透過基地 GD 培訓這些長者的第二專長，繼續服務人群，再帶動大學以上年輕人來培訓，了解社會未來的需求，由長輩帶著年輕人來創業，並進入社區來整合資源，透過大學產學合作和專業人士的協助，把社區農業從一級產業提升到六級產業（Ai 智能服務平台 P2P 機能）。達成數位轉型企業為目的。

就以國立雲林科技大學產學術研究課程實習為例，興安生態農場雲科大智慧農業課程，生態農場經營理念，產學技術研究「強化雲林在地產業的場域連結與敘事力實踐課程」，達到了以下的目標：

（一） 議題導向，在地連結，協助了在地產業的需求。

（二） 整合專業技術，強化專題課程實踐。

（三） 場域調查培育敘事能力，精準分析場域條件，發掘問題的能力。

（四） 成果發表培育敘事力，反思執行過程，完善成果的品質。

（五） 在地農業場域溯源履歷、產業自動化、與永續資源的整合。

資料來源：https://ybmc.com.tw/gd0909688600/

17.5 行銷界的明日之星－以久大行銷為例

一、企業成長助力

久大行銷為專注於品牌發展、行銷策略及數位轉型的公司,具有策略思考、創意和國際視野,幫助企業建立品牌國際,曝光商機的拓展。

包含品牌、行銷、設計、使用體驗、程式開發、雲端運算、網路安全、廣告創意等領域專家。久大行銷已協助 40 多個產業,上萬家企業夥伴的行銷策略、品牌發展、及數位工程,持續與企業共榮。

以策略為體,數據為用,展出 GTMC®久大行銷的 3 大服務領域,分別為:品牌確立、行銷展店、數位 app。

全面性顧問作企業夥伴,與企業不同的發展階段,提出有益之解決方案,為企業賦能。

二、大數據分析 找出潛在客戶

為客戶進行品牌行銷整合服務時,不僅幫助客戶建置企業識別系統(CIS)、官方網站、型錄、企業形象影片、展場規劃設計…等基礎工具,基於經營過 B2B 網站的資料庫,近十年代理 Google 廣告數據庫資源,針對產品進行市場分析,精準找出潛在客戶,幫助許多臺灣傳統產業在全臺灣與全世界曝光。

久大行銷運用 Google 的資料庫,了解全球搜尋特定產品次數最多的是哪些國家,這些國家的市場處於成長或是衰退,久大行銷會依據數據資訊選擇市場正在成長的國家,為客戶進行廣告投放服務。

三、企業系統的雲端整合與管理服務是強項

近年來久大積極投入雲端技術研發，運用雲端科技提供廠商數位行銷相關產品與服務，協助內外銷廠商運用電子商務拓展市場。在數據分析方面，久大行銷針對客戶與生產面提供服務。在客戶開發面，串接客戶公司內部的報價系統，將報價的內容變成數據，歸納出每個國家的客戶需求特性，經過數據分析提供企業主決策時的參考，後續就能夠針對特定市場客製開發專屬產品。

生產領域，透過雲端行動 APP 連結客戶公司內部的 CRM（客戶關係管理）、ERP（企業資源規劃）、BPM（企業管理系統）等系統，取得內部管理數據，管理優化，進行產品維修等服務項目。

四、影像廣告多媒體工作執行

不同客戶對象，不同需與屬性，有不同的專案影片拍攝，符合客戶要求。

1. 溝通需求。

2. 企劃提案。

3. 報價與執行。

4. 腳本寫作。

5. 前置：規劃場布等流程。

6. 拍攝過程。

7. 後製：後製特效。

8. 結案完成。

17.6 工程師的公益標準典範—高國卿神父、羅廷相、吳俊祿、吳烘森

一、高國卿神父

1949 年誕生於桃園縣復興鄉（現桃市復興區），泰雅族家庭。小學時全家搬到宜蘭縣大同鄉，於天主教靈醫會修道院、羅東聖母護理學校及輔仁大學神學院完成學業。晉鐸神父，在義大利研習天主教事務；後來陸續擔任天主教靈醫會董事、羅東聖母醫院駐臺北辦事處主任、中國痲瘋服務協會理事長與靈醫會的副會長。

誠懇良善的神職人員。他凡事為對方著想，深受同仁們的好評，窮苦的原住民小孩，天主教靈醫會神父，羅東聖母醫院主任，中國痲瘋服務協會理事長，善用心力於於海峽兩岸，為兩岸三地痲瘋病人盡力，喜樂的心來奉獻。

高神父所服膺的是，醫院是治病療傷的處所，但醫師糾紛在所難免，當他開救護車送彌留患者回家途中，傾聽家屬對談，適時提供辦理後事注意的事項，因此當這些家屬隔天到醫院理論，一發現代表院方的竟是昨天送他們回家的高神父，往往氣就消了大半，反而是感謝的心。

「有時，付出也是一種喜樂」基於這種理念，高神父民國 87 年前往海峽對岸照護當地的痲瘋病人時，總是抱持感恩的心。且總共設立了有 18 個照護痲瘋病人的據點。

2007 年 8 月，高國卿神父應修會的需要調往羅東聖母醫院。並在多個據點，持續有公益活動的推展。

🔧 圖 17-5　左二：高國卿神父協助
　　　　國際美學團體比賽事宜

🔧 圖 17-6　左三：高國卿神父協助
　　　　在地產學合作的發展

二、羅廷相

　　無論於社會服務，諸如救難經濟部中小企業榮譽指導、社會輔導志工、推廣客家文化、語言教育傳承於禮俗的講授，可說是包羅萬象，有很多對社會的貢獻。

曾兼任明新科大機械系講師

獲得國際獅子會 300G 區傑出會員獎

曾擔任編客家話書籍教師 3 年

曾擔任新竹縣湖口鄉公所（生命禮儀課程講師）

曾擔任桃園縣觀音鄉崙拜社發展協會禮俗文化司儀訓練班講師

曾擔任明新科大教育推廣中心 96 年度禮儀師培訓班講師

曾擔任臺北縣五股鄉客家協會（客家民俗班）首席講師

曾擔任交通大學客家學院國際客家研習中心、新瓦屋客家講堂（客家承禮與當代社會）講師

🔧 圖 17-7　進修部土木工程與環境資源管理系碩士班學生羅廷相，以七十六歲取得碩士學位，好學精神成為大家學習的榜樣。（記者廖雪茹攝）

三、吳俊祿

　　新竹縣政府秘書吳俊祿代表縣長出席，肯定明新科大辦理大規模的徵才活動，提供學生跟民眾找工作的機會。

　　新竹縣政府秘書吳俊祿代表邱鏡淳縣長出席開幕儀式，以及人權法律領域的專家學者集聚參與，共同研討人權法律的創新議題。專長為法學領域、分類通識－心理與自我成長。

🔧 圖 17-8

四、吳烘森

　　就讀英國的大學、碩士並於民國 89 年於英國雪菲爾大學土木及結構所取得博士學位，曾就讀之土木及結構所擔任助理教師，曾於雪大教授有限元素分析及高等塑性力學等課程。於博士研究階段，藉由研究計畫之機會，亦利用此一難得機會，接受英國電力公司之委託，分析及檢討當時英國國內核能電廠反應爐防護罩受到 Boeing 客機高速撞擊下之結構安全性。

🔧 圖 17-9　立洲公司執行總監社團法人臺灣省水土保持技師公會　常務理事

17.7 品牌創業計畫與企劃書－以 DR.WU 為例 ⚙

DR.WU 專業的研發團隊，係組合皮膚醫學與成分藥理，還有生物醫學等全方位領域專家，對於亞洲肌膚特性，和全球實驗室技術合作，使用先進科技、挑選 100 多種國際專利活性成分，堅持「無添加、不含酒精、高濃度、高成分、高安全性」研發標準，並與通過 ISO 認證的化妝品大廠製造，全系列產品皆安全通過低敏、安定性與非致痘臨床測試，合作能全方位解決肌膚問題。更是術後保養的最佳選擇。

🔧 圖 17-10　台大醫學院皮膚科教授吳英俊醫師 DR.WU

圖片來源：https://www.drwu.com/pages/investor-company-business

 17.8 智慧工業的商機與未來展望 ⚙

一、智慧工業總共可分為六大領域，分述如下：

1. 工業用的機器人在各專長領域的應用

2. 生產大數據提高生產的績效

3. 人工智慧主導生產流程全自動化

4. 電腦視覺輔助作業，利用人工智慧製造園片上的缺陷

5. 設備預測性維護在故障前端

6. 虛擬世界－數位雙胞胎

（一）工業用的機器人在各專長領域的應用

　　最常見的案例便是「機器人手臂」，是很常被提到的，就像是頂級的咖啡師就站在眼前，但它是機器人，使這台泡咖啡機器人符合人性的要求，讓使用者體驗最高層次的互動感。

（二）生產大數據提高生產的績效

1. 利用大數據來提高生產模型

　　AIoT 的理念，就是一個公司的經營架構；相輔相成的數個部門運作，集中在控制端作終端應用，所有的控制器和每個部門的整合運算，最快速度擁有資訊並加以利用，有效率的公司化。

二、人工智慧應用在醫療健康領域的範疇，如下所述：

1. 數位醫療（醫療服務）與（醫療影像）。

2. 精準醫療（分析病患基因）。

3. 預防醫療（健康管理）與（醫療資訊類）。

　　案例說明如下：

(1) Apple Watch 心電圖測量 App 的應用
　　檢測心跳率與心律，即時反應異常的數據，交由醫護人員處理。

(2) IBM Watson for Oncology
　　由癌症訓練中心訓練出來的人工智慧醫療輔助系統 "IBM Watson"，隨時提供給醫師診斷上幫忙醫療建議。

(3) 鴻海集團子公司的 FUX 智慧醫療 AIoT 系統
　　利用低功耗藍芽(BLE)室內定位為核心，融合人工智慧與物聯網的應用。應用於醫療暴力防治、傳染疾病管制、病患求救定位、餐車

定位及溫濕度記錄管理、護理站交換設備備盤點、儀器及設備向偵
測、術後生命跡象偵測、新生兒防盜、跌倒偵測與報警、藥品與食
材冰箱連續溫度記錄管理等等。

(4) 臺北萬芳醫院掛號聊天機器人，它的名字是「萬小芳」
透過 Line 來作業的線上服務，打開手機後可看到服務選項，讓病
患與家屬可以使用。

(5) 麗寶基因臨床綜合分析基因定序，了解最有療效的藥物是哪一種？
透過分析，各類的癌症患者處理可以了解哪類藥物最適合患者治療
的療程。

4. 人工智慧主導生產流程全自動化

生產流程高度自動化方能符合客制化之需求，透過人工智慧協助生產
流程，智慧化全自動的流程，是智慧工業目標達成的重要武器。

5. 電腦視覺輔助作業，利用人工智慧製造園片上的缺陷

機器學習是一種對晶片製造商來說為初期發展階段之作業，其目標是
利用人工智慧在製程識別晶圓的缺陷，透過電腦視覺輔助作業是必要的。

(1) 惠穩科技的視覺辨識技術， AI 技術核心，提供視覺影像應用方案
業務包含 AI 視覺影像辨識軟體開發，產線自動化軟硬體整合，設
備監控軟體客製化，人臉辨識系統。

(2) 台積電使用大數據，生產機上昇效提升晶圓製造代工良率，大數據
與資料整理出最佳化晶園產出的 IC 尺寸，並在採購科儀設備上，
有好的助益效果。

6. 設備預測性維護在故障前端

很多公司想利用大數據的第一優先功能，就是替生產機器在故障前做
好預設維護，生產設備不停機的要求並能提升良率與達成預設維護則，是
重要的里程碑。

7. 虛擬世界－數位雙胞胎

虛擬設計工廠規劃，利用 3D 建造直接虛擬設計工廠各部門設施。虛擬製造利用電腦軟體模擬流程，確定其可製造流程設計流暢沒問題。

數位雙胞胎是透過人工智慧，在虛擬世界中反應真實製造的問題，在雲端伺服器上作大數據分析，會節省下可觀時間與成本。

三、AIOT 未來展望

（一）醫療機器人

因為醫護人力的匱乏，在醫院中導入醫護協助服務用機器人，進行大數據整合進行微創手術。

（二）多組性的精準醫療

更即時的多組學生理大數據結合醫療大數據的 AI 分析應用。

（三）AIOT 物聯網的架構圖

1. 平台層：人工智慧、大數據、雲運算。
2. 應用層：智慧管家、智慧醫療、智慧公車、智慧站牌、車隊管理。
3. 感知層：感測器、讀碼機。
4. 網路層：電信網路（2、3、4、5G⋯）、廣播網路。

（四）精準醫療基因定序協助診斷與新藥開發

以程式設計、人工智慧及大數據分析達成精準醫療。

（五）健康管理的協助

人工智慧分析管理，穿戴式裝置或物聯網醫器感測生理數據，提供最快速最正確的健康資訊。

（六）醫療資訊統整化

臺灣健保署共發表了上千篇論文在國際期刊，這些論文對世界醫療體系提供了很多的診斷治療指引。

（七）醫療影像數位化

依照「電腦斷層(CT)檢查，是診斷癌症的最主要工具之一」透過多次攝影找出良性與惡性腫瘤的特徵分布圖，進而確認病患腫瘤狀況。

（八）人工智慧協助醫療服務

導入智慧化設備，所有的設備所具備的感測器與輸入機制都可以產生數據，統整後分析能提供精準的醫療服務。

四、人工智慧物聯網

AIOT 應用與工業，是利用人工智慧操縱整合並分析物聯網的資訊，並且實際適用於稱為「機器」的工具的應用

工業的結合其中最大意義，便是我們可以利用全自動的改變提高製造效率與降低製造成本。

值得期待的公司－動聯國際股份有限公司

動聯健康(DONG-LIAN LIFE)成立於 2013 年，主要產品服務是一以「地表定位物聯網系統」專利技術開發出「生活行為」資訊搭配「生理數據」提供健康樂活指引的平台。動聯健康的服務目標，是建立在掌握自己的健康主控，從了解自己的體質開始，在不侵犯隱私下，引導使用者了解生活習慣產生的不良影響，進而提供精準健康預報，修正生活行為並預防疾病發生。

⚙ 參考資料　　　　　　　　　　　　　　　　　References

【中文參考書目】

1. Archie B. Carroll, Ann K. Buchholtz 著，莊立民譯，《企業倫理》，臺北：湯姆生出版，2006 年 9 月初版一刷。

2. Lawrence D. Dietz, 二十一世紀的資訊安全管理，賽門鐵克，2007.3

3. 人因工程完全手冊，1998，中華民國職業醫學會譯，台視文化公司。

4. 人因工程應用手冊，1996，行政院勞委會勞工安全衛生研究所。

5. 工業技術研究院，林幸嫻。

6. 工程倫理討論會教材，中國工程師學會，2006。

7. 天主教輔仁大學(2002)。「服務－學習」教師指導手冊。 臺北市：天主教輔仁大學。

8. 中華臺北亞太工程師審查作業辦法，中華臺北亞太工程師監督委員會，2006。

9. 水利署，多元化水資源經營管理方案，2005。

10. 臺灣「品格教育推展行動聯盟」，2008 年 02 月 27 日。

11. 世界保育聯盟，瀕危物種紅皮書，2007。

12. 行政院勞工委員會北區勞動檢查所

13. 行政院公共工程委員會編印，《工程倫理手冊》，民國 96 年 3 月。

14. 行政院公共工程委員會，工程倫理手冊，2007 年 3 月。

15. 行政院公共工程委員會(2007)。工程倫理手冊。臺北：行政院公共工程委員會。

16. 行政院永續發展委員會，國家永續發展願景與策略綱領，2004。

17. 行政院環境保護署網站，95 年環境水質監測年報-河川水質篇，2007。

18. 朱建民(2005)。大學專業倫理教育與教學，《專業倫理與教學論文集（三）》，桃園：長榮國際出版。

19. 江政憲(2001)。營建工程倫理與職業道德之研究。朝陽科技大學營建工程學系碩士論文。臺中：未出版。

20. 何懷宏(2002)。倫理學是什麼。臺北：揚智。

21. 李珀，品格教育，2006。

22. 李大嵩，電信、資訊、知識與教育變革，第一屆「資訊科技與社會轉型研討會」。

23. 李順仁，資訊安全 第二版，2007.10。

24. 李順敏(2007)。工程倫理：教育與規範。IEET 通訊，10。民國 97 年 7 月 20 日，取自：

http://www.ieet.org.tw/epaper/sesson10/index_03-01.html

25. 沈清松(1992)。傳統的再生。臺北：業強。

26. 林火旺(2007)。倫理學。臺北：五南。

27. 法治斌、董保城，《中華民國憲法》，修訂再版，86 年 8 月，頁 183。

28. 徐西森(1998)商業心理學。臺北：心理出版社。

29. 凃保民，科技管理智慧財產權管理，2003。

30. 亞太工程師申請須知，中華臺北亞太工程師監督委員會，2006。

31. 高鳳仙著，《性暴力防治法規－性侵害、性騷擾及性交易相關問題》，臺北：新學林出版，2005 年 7 月 1 版 1 刷。

32. 美國國家品格教育協會（http://WWW.character.org），1999 National Schools of Character Blue Ribbon Panel

33. 唐璽惠、王財印、何金針、徐仲欣(2005)情緒管理與壓力調適。臺北，心理出版社。

34. 施慧玲，《家庭法律社會學論文集》，臺北：元照出版，2004 年 9 月初版一刷。

35. 郜倫、崔相哲，IPS vs.IDS，勢不兩立還是相輔相成？，資安論壇 2006.02.17。

36. 陳宗韓、陳振盛、劉振仁、鄭錦宏(2006)。倫理學的理論與應用。臺北：新文京開發出版股份有限公司。

37. 國立中山大學資訊倫理守則。

38. 許孟祥、黃貞芬、林東清，資訊時代中倫理導向之決策制定架構，第一屆「資訊科技與社會轉型研討會」，1996。

39. 陶明政、帥嘉珍，資訊部門訂定安全議題與企業倫理，2006 企業倫理研討會。

40. 陳棋炎‧黃宗樂‧郭振恭着，《民法親屬新論》，臺北：三民出版，2007 年 10 月，修訂 6 版 1 刷。

41. 焦興鎧，《性騷擾爭議新論》，元照出版社，2002 年 2 月，初版第一刷，頁 1。

42. 曾怡慧、施綺珍、楊宜青，網路成癮症，臺灣家庭醫學醫學會。

43. 張介耀(2004)。工程教育與工程倫理之探討。南華通識教育研究，創刊號，31-42。

44. 張宏誠著，《同性戀者權利平等保障之憲法基礎》，臺北：學林文化出版，2002 年 6 月一版。

45. 張清溪、許嘉棟、劉鶯釧，吳聰敏，經濟學理論與實際－上冊，翰蘆圖書，1995 年 8 月，頁 348~350。

46. 張一岑、許宏德編譯(2002)。工程倫理。臺北：全華科技圖書公司。

47. 張勁燕譯(2007)。工程倫理。臺北：美商麥格羅‧希爾國際股份有限公司。

48. 傅偉勳(1990)。西洋哲學史。臺北：三民。

49. 馮震宇，論智慧財產權與智慧財產權法之關係，工業財產權與標準，第 22 期，1995 年 1 月，頁 38。

50. 黃貞芬、許孟祥、林東清，資訊倫理守則現況：以社會層級及倫理議題分析，第一屆「資訊科技與社會轉型研討會」，1996。

51. 黃明祥、林詠章，資訊與網路安全概論，2005。

52. 黃天中(1998)生涯規劃概論。臺北市：桂冠圖書股份有限公司

53. 黃惠惠(2002)情緒與壓力管理。臺北：張老師文化。

54. 黃玉(2001)。服務學習與高等教育。公民訓育學報，10，臺北市。

55. 黃玉(2002)。從服務中學習-服務學習的理論與實施。發表於東吳大學主辦：學校與社區活動教育研討會，臺北市。

56. 葉保強(2006)。企業倫理。臺北：五南。

57. 葉啟正，對資訊科技社會來臨的一些思考，1997。

58. 葉重新(2006)心理學。臺北市：心理出版社。317。

59. 鄔昆如、黎建球(1995)。人生哲學。臺北：國立空中大學。

60. 詹炳耀、任文瑗、郭秋田、張裕敏，資訊倫理與法律，民 94。

61. 蔡英文，公平交易法與智慧財產權，政大法學評論，第 44 期，1991 年 12 月，頁 257。

62. 蔡秀玲、揚智馨(1999)情緒管理。臺北市：揚智文化。

63. 鄭麗玉、陳秀蓉、危芷芬、留佳莉(2006)心理學。臺北，五南圖書出版股份有限公司。377 頁。

64. 鄭一青，品格時代的私房祕方，天下雜誌 第 287 期。

65. 賴文智、顏雅倫，營業秘密法二十講，翰蘆圖書，2004 年 4 月，頁 100-102。

66. 劉建人、柯菁菁、陳協志，資訊倫理與社會，民 93。

67. 劉建人、柯菁菁、陳協志（2006）。資訊倫理與社會。臺北：普林斯頓國際有限公司。

68. 鄧志偉，企業資料安全機制導入之研究，2007。

69. 薛宇盛，入侵偵測系統實務 WinSnort for Windows 2003 Server，2006.3。

70. 賽門鐵克，2008 年 4 月份垃圾郵件現狀報告。

71. 謝銘洋，智慧財產權之取得（一），月旦法學教室，第 5 期，2003 年 3 月，頁 95。

72. 謝銘洋，智慧財產權之沿革與相關理論，月旦法學教室，創刊號，2002 年 10 月。

73. 蕭業儒(1995)。工程倫理學。臺中：國彰出版社。

【英文參考書目】

1. Callicott, J.B. (1994) Earth Insights-A Multicultural Survey of Ecological Ethics. University of California Press.

2. Cress, C. M., Collier, P. J., Reitenauer, V. L., & Associates. (2005). Learning through serving - A student guidebook for servicing-learning across the disciplines. Sterling, VA:Stylus.

3. Dan Macleod, 1999, The Ergonomics Kit for General Industrial with Training Disc, Lewis Co.

4. Eyler, J., & Giles, D. E., Jr. (1999). Where's the learning in service-learning? San Francisco: Jossey-Bass.

5. Ergonomic Checkpoints, 1996, ILO, Geneva, ISBN 92-2-109442-1, Switzerland.

6. Frankena, W.K. (1963)，Ethics, Englewood Cliffs, N.J., Prentice Hall.

7. Goleman, D. (1995). Emotional Intelligence:Why it can matter more than IQ? New York: Bantan, Books.

8. Intergovernmental Panel on Climate Change, 1994: Radiative Forcing of Climate Change and An Evaluation of the IPCC IS92 Emission Scenarios, Cambridge University Press, U.K.

9. Icove ,D. and Seger ,K. and VonStorch W. (1995)，Computer Crime-A Crimefighter's Handbook, O'Reilly & Associates, Inc. 1995.

10. IPCC (2001), Climate Change 2001: The Scientific Basis.

11. IPCC (2007), Climate Change 2007: The Physical Science Basis.

12. Intergovernmental Panel on Climate Change, 1994: Radiative Forcing of Climate Change and An Evaluation of the IPCC IS92 Emission Scenarios, Cambridge University Press, U.K.

13. Jacoby, B., & Associates. (1996). Service-learning in higher education: Concepts and practice. San Francisco: Jossey-Bass.

14. Leopold, A. (1949) A Sand County Almanac," Oxford University Press.

15. Lovelock, J. (1979) Gaia: A New Look at Life on Earth," Oxford University Press.

16. Lazarus, R. S. & Folkman, S. (1984). Stress, appraisal, and coping. New York: Springer-Verlag.

17. McEwen, M. K. (1996). Enhancing student learning and development through service-learning. In B. Jacoby & Associates, Service Learning in higher education: Concepts and practices (p.53~91). San Francisco: Jossey-Bass.

18. Simth, Ralph J.(1969)。Engineering as a Career。3rd ed, McGraw-Hill.

19. World Commission on Economic Development (1987) Our Common Future (the Brundtland Report) Oxford University Press,.

20. World Commission on Economic Development (1987) Our Common Future (the Brundtland Report) Oxford University Press,.

【網路參考資料】

1. RD 工程師生活甘苦談、辛酸史：

   www.buddhanet.com.tw/aaaux/chi/chi-107.htm -

2. 行政院主計處

   http://eng.stat.gov.tw/public/data/dgbas03/bs2/socialindicator/employment-analysis02.doc

3. 行政院主計處　http://statdb.cla.gov.tw/html/svy96/9607menu.htm

4. 行政院主計處　http://statdb.cla.gov.tw/html/sex/8170.htm

5. 行政院環境保護署網站：www.epa.gov.tw。

6. 全國法規：http://law.moj.gov.tw/

7. 林宗賢，資訊安全介紹：

   http://www.geocities.com/johns_lin/new_page_18.htm

8. 美國國家研究協會(The National Research Council)：

   http://sites.nationalacademies.org/nrc/index.htm

9. 美國國家工程學院(The National Academy of Engineering , NAE)：

   http://www.nae.edu/nae/naehome.nsf

10. 經濟部智慧財產局網站：

    http://www.tipo.gov.tw/patent/patent_q_a/patent_q_a.asp。

11. 網路禮節，國家圖書館　http://infotrip.ncl.edu.tw/main/index.html

12. 趨勢科技：

    http://www.trend.com.tw/corporate/security/virusprimer_1.htm

13. 聯合國網站：http://www.un.org/english/。

14. http://infoandweb.blogspot.com/2007/03/socio-culture-perspective.
html，2007.3

15. http://www.tafm.org.tw/

16. Wiki，http://zh.wikipedia.org/w/index.php

17. http://ethics.tamu.edu/ethics/tvtower/tv3.htm

18. http://ethics.tamu.edu/

19. 中華民國內政部營建署全球資訊網，公寓大廈管理條例
http://www.cpami.gov.tw/chinese/index.php?option=com_content&view=
article&id=10472&Itemid=100

20. 國家災害防救科技中心
http://photino.cwb.gov.tw/rdcweb/lib/cd/cd01conf/load/apdf/a136.pdf

21. 第 33 屆海洋工程研討會論文集　國立高雄海洋科技大學 2011 年 12 月
http://www.tsoe.org.tw/downloads/thesis/2011F11.pdf

22. 陸上盜濫採土石坑洞善後處理計畫
http://www.rootlaw.com.tw/LawArticle.aspx?LawID=A04010004100460
0-1031112

23. 臺北市勞動檢查處
http://www.lio.gov.taipei/fp.asp?fpage=cp&xItem=125879454&ctNode=1
2871&mp=116021

24. 背景分析─京都議定書的爭議與妥協
http://www.npf.org.tw/PUBLICATION/SD/090/SD-R-090-024.htm

25. 京都議定書　http://gis2.sinica.edu.tw/epa/kyoto.html

26. 京都議定書要點　http://www.epochtimes.com.tw/bt/5/2/16/n813532.htm

27. 溫室氣體與溫室效應
http://www.geocities.com/jasonzacker/Metorology/new_page_6.htm

MEMO

MEMO

MEMO

MEMO

MEMO

MEMO

MEMO

MEMO

MEMO

MEMO

國家圖書館出版品預行編目資料

工程倫理 /張東文, 古煥文, 許庭瑜, 蔣和家, 謝金源,張祖華,
林賢春, 吳烘森, 張榮正, 張家維, 賴安國,周世珍, 葉祥洵,
邱筱琪, 汪慧瑜, 黎淑慧, 林照東,羅廷相, 吳俊祿編著. ─
四版. ─新北市：新文京開發出版股份有限公司, 2023.04
　　面； 公分

　　ISBN　978-986-430-916-0（平裝）

　　1. CST：工程　　2. CST：專業倫理

198.44　　　　　　　　　　　　　　　　　　112003886

工程倫理（第四版）　　　　　　　　（書號：A298e4）

主　　編	陳洸韹			
執行編輯	陳宗沛	張祖華	張東文	
	張東文	蔣和家	許庭瑜	古煥文　謝金源
	張祖華	林賢春	吳烘森	張榮正　張家維
編 著 者	賴安國	周世珍	陳洸韹	葉祥洵　邱筱琪
	汪慧瑜	黎淑慧	林照東	陳易白　羅廷相
	吳俊祿			

出 版 者　新文京開發出版股份有限公司
地　　址　新北市中和區中山路二段 362 號 9 樓
電　　話　(02) 2244-8188（代表號）
F　A　X　(02) 2244-8189
郵　　撥　1958730-2
初　　版　西元 2008 年 09 月 10 日
二　　版　西元 2010 年 09 月 05 日
三　　版　西元 2016 年 02 月 10 日
四　　版　西元 2023 年 04 月 05 日

法律顧問：蕭雄淋律師
ISBN　978-986-430-916-0

New Wun Ching Developmental Publishing Co., Ltd.

New Age · New Choice · The Best Selected Educational Publications — NEW WCDP

新文京開發出版股份有限公司
NEW
WCDP
新世紀‧新視野‧新文京 — 精選教科書‧考試用書‧專業參考書